שֻׁלְחָן עָרוּךְ

יורה דעה

RITUEL DU JUDAISME

TRADUIT POUR LA PREMIÈRE FOIS SUR L'ORIGINAL
CHALDÉO-RABBINIQUE ET ACCOMPAGNÉ DE NOTES ET REMARQUES
DE TOUS LES COMMENTATEURS

PAR

M. A. NEVIASKY

MINISTRE DU CULTE ISRAÉLITE A ORLÉANS

X

LOI DE PURETÉ DANS LE MARIAGE

———

*Prix du traité pris séparément : **6** fr.*
*Prix du traité en souscrivant à l'ouvrage entier : **5** fr.*

———

PARIS
ERNEST LEROUX, ÉDITEUR
LIBRAIRE DE LA SOCIÉTÉ ASIATIQUE
28, RUE BONAPARTE, 28

—

1912

שלחן ערוך

יורה דעה

RITUEL DU JUDAISME

TRADUIT POUR LA PREMIÈRE FOIS SUR L'ORIGINAL
CHALDÉO-RABBINIQUE ET ACCOMPAGNÉ DE NOTES ET REMARQUES
DE TOUS LES COMMENTATEURS

PAR

M. A. NEVIASKY

MINISTRE DU CULTE ISRAÉLITE A ORLÉANS

X

LOIS DE PURETÉ DANS LE MARIAGE

———

Prix du traité pris séparément : **6** fr.
Pris du traité en souscrivant à l'ouvrage entier : **5** fr.

———

PARIS
ERNEST LEROUX, ÉDITEUR
LIBRAIRE DE LA SOCIÉTÉ ASIATIQUE
28, RUE BONAPARTE, 28

———

1912

LE
RITUEL DU JUDAISME

paraîtra complet en 22 livraisons

contenant les traités suivants :

I — De l'abatage des animaux.

II. — Des cas morbides chez les animaux.

III. — Des morceaux de viande percevables par les prêtres. —De la chair coupée sur un animal vivant. — De la viande dont on ignore la provenance. — De la graisse. — Du sang. — Du salage de la viande.

IV. — Des animaux purs et des animaux impurs. — Du mélange de la viande et du lait.

V. — Du mélange d'aliments permis avec des aliments défendus.

VI. — Des aliments préparés par un païen. — De la vaisselle d'un païen.

VII. — Du vin d'un païen.

VIII. — De l'idolâtrie et des idolâtres.

IX. — Du prêt à intérêt. Des mœurs païennes. — De la sorcellerie. — De la coupe des cheveux et de la barbe. — Du travestissement.

X. — Lois de pureté dans le mariage.

XI. — De l'immersion purificatrice. — De la *Miqvah* ou réservoir spécial.

XII. — Du vœu.

XIII. — Du serment. — Du respect dû aux parents et aux maîtres. — De l'étude de la Loi.

XIV. — Des aumônes.

XV. — De la circoncision. — Des esclaves. — Des prosélytes.

XVI. — Du Livre de la Loi. — — De la *Mezouzah* (inscription au poteau de la porte).

XVII. — Du précepte concernant le nid d'oiseaux. — Des prémices du blé et des fruits. — De la greffe des arbres. — De la greffe de la vigne. — Du mélange des semences. — Du mélange des espèces animales. — Du mélange dans les tissus.

XVIII. — Du rachat des premiers-nés de l'homme. — De la primogéniture des animaux purs. — De la primogéniture des animaux impurs. — De la pâte à prélever sur le pétrin.

XIX. — Les prélèvements, dîmes, droits des pauvres et prémices de la toison.

XX. — De la mise au ban. — Visites à rendre aux malades, devoirs des médecins, devoirs envers les morts et les agonisants.

XXI. — De la déchirure de l'habit en signe de deuil. — De l'inhumation.

XXII. — Des prescriptions concernant le deuil.

PRÉFACE

DE M. LE COMMANDANT LIPMAN

L'année dernière, M. Neviasky nous initiait au Code juif en publiant l'important traité Ribbith *(Des prêts à intérêt). Il offre aujourd'hui au public français la traduction du traité* Niddah *(Lois de pureté dans le mariage) et de ses annexes :* Tebhilah *(De l'Immersion) et* Miqveoth *(Des réservoirs destinés à l'immersion).*

Si « Ribbith » *est une magnifique expression de la* charité *juive,* « Niddah » *rend d'une façon tout aussi saisissante l'effort juif vers la* pureté. *Charité et pureté — fleurs divines, qu'Israël cultiva fidèlement, inlassablement, à travers les âges sombres ! A votre parfum il dut la force de vivre, à votre éclat la force d'espérer !*

*

Dans le monde, le moral domine le physique. **Mens agitat molem.** *Tous ceux qui ont pratiqué les hommes, que ce soit dans le tumulte des assemblées politiques, au chevet des malades, ou dans les épreuves des luttes*

*guerrières, se sont inclinés devant cette indéniable
prépondérance. Mais, par un singulier paradoxe, il
s'est trouvé des penseurs pour refuser à certaines
observances la valeur morale qu'elles expriment parfois
avec la dernière énergie. C'est ainsi qu'on lit dans
l'Evangile selon Matthieu, xv, 17-20 :*

« Ne comprenez-vous pas que tout ce qui entre
« dans la bouche s'en va dans le ventre et est jeté
« aux lieux secrets ? Mais ce qui sort de la bouche
« vient du cœur ; c'est là ce qui souille l'homme.
« *C'est du cœur que viennent les mauvaises pensées,*
« *les meurtres, les adultères, les fornications, les*
« *larcins, les faux-témoignages, les blasphèmes. Ce*
« *sont ces choses-là qui souillent l'homme* ; mais de
« manger sans s'être lavé les mains, cela ne souille
« point l'homme. »

*Alors, pourquoi le prêtre est-il tenu de dire sa messe
à jeun ? Pourquoi faut-il qu'on mange maigre durant les quarante-six jours du carême ? Pourquoi jeûner le vendredi-saint ? Pourquoi, dans les premiers
siècles, ne pouvait-on devenir chrétien que par l'immersion, c'est-à-dire la tebhilah juive, dont le bap-
tême est un pâle reflet ?*

*Mais de telles questions seraient oiseuses. L'Eglise
avait à passer de la théorie à la pratique ; elle
reconnut tout de suite que la théorie évangélique était
outrée, inapplicable ; car l'homme est une combinaison*

irréductible de la matière et de l'esprit, du pondérable et de l'impondérable :

« *L'Eternel-Dieu façonna l'homme, poussière* « *venant de la terre, et il souffla dans ses narines un* « *esprit de vie, et l'homme devint un corps animé.* » (Genèse, II, 7.)

De là les observances, les rites, les symboles.

Les traités Niddah, Tebhilah *et* Miqveoth *donnent des règles précises en vue de sanctifier le mariage et de le spiritualiser, comme l'a voulu la Loi de Moïse. Leur application doit, en effet, conduire à deux grands résultats :*

1° *En réduisant presque de moitié le nombre des jours concédés à la vie conjugale* (1), réfréner la sensualité, *élever le niveau moral* — résultat vainement cherché *par d'autres religions dans des macérations et dans un ascétisme antisociaux au premier chef* ;

2° *En obligeant la femme à une constante vigilance* (2), lui rappeler de façon parlante qu'elle est avant tout épouse et mère, *détourner son esprit de tout appétit de luxe amollissant ou de vaine mondanité.*

------

(1) Voir § CLXXXIV, art. 1, 2, 11 ; § CLXXXV, art. 1, CLXXXVI, art. 2, **3**, 5 ; CXC, 1 *in fine*, 41 *in fine* ; CXCIII, 4 ; CXCV, 1, **14** ; CXCVI, 1, 2, 3, 4, 6, 10, 11, 12, 13 ; CXCIV.

(2) Voir les § CLXXXIII, CLXXXIV, CLXXXVI, CLXXXVII, CXC, CXCVI.

*
* *

On a dit que la législation mosaïque avait fait de la femme un être impur, dont le contact vicie tout ce qui approche d'elle.

C'est là une erreur à ajouter à tant d'autres, commises par les gens qui ont prétendu juger le judaïsme sans l'avoir réellement étudié. La femme juive impure parce qu'elle doit se purifier ! Mais alors, le grand-prêtre à Jérusalem était, lui aussi, un être bien impur : ne devait-il pas, au jour solennel de Kippour, se livrer à cinq immersions totales et à dix ablutions ?

Les lecteurs qui examineront de près le traité Niddah verront au contraire la femme juive, jalouse gardienne de sa pureté physique, dominer sans cesse sa passion, atteindre à la pureté morale, réaliser ces deux préceptes de la loi de Moïse :

1º « *Dieu les bénit et il leur dit* : Croissez et multipliez ». (Genèse, i, 28.)

Le mariage a pour fin la procréation, non le plaisir des sens.

2º « *Vous éloignerez les enfants d'Israël de ce qui* « *pourrait les souiller, afin qu'ils n'encourent point* « *la mort,* en souillant ma demeure qui est au « milieu d'eux. » (Lévitique, xv, 33.)

L'homme s'éloigne de Dieu quand il s'abandonne à ses passions.

C'est dans la tebhilah, ou immersion totale, qu'apparaît le mieux le caractère moral de la purification mosaïque. *Avant cette purification, en effet, la femme a dû prendre un bain ordinaire, nettoyer ses ongles, ses cheveux, son corps entier* (1) ; *l'idée d'un bain de propreté ou d'hygiène ne peut donc plus entrer dans son esprit au moment où, prête à se plonger dans les eaux purificatrices,* elle prononce la formule consacrée :

« *Sois loué, Eternel notre Dieu, qui nous as sanc-*
« *tifiés par tes commandements et nous as prescrit*
« *le bain d'immersion.* » (§ cc).

De même, dans le traité Miqveoth, *de nombreuses prescriptions, comparables à celles qui régleraient la balnéation la plus soignée, sont données pour l'installation et l'alimentation du réservoir spécial, de la miqvah, alors que la femme,* déjà débarrassée de toute souillure matérielle, *prend dans cette miqvah un bain* purement symbolique.

La loi de Moïse a eu pour but d'assurer le bonheur des hommes. Elle devait forcément contenir les règles de l'hygiène du corps humain ; mais cette hygiène matérielle, elle la rattache toujours — comme nous le voyons ici — à l'hygiène de l'âme.

____

(1) Voir le § cxcviii, en particulier les art. 18, 20 glose, 24, 25, 26, 42, 43 ; cxcix, 1, 2, 6 glose, 10, 13.

C'est à la parfaite — disons à la divine — intelligence de la double nature de l'homme que la Torah de Moïse a dû cette puissante vitalité, cette influence civilisatrice unique au monde, qui font l'admiration de tout penseur impartial.

Moïse, dans son Lévitique (xix, 2), a tracé en caractères immortels la formule de vie que moralistes, législateurs, fondateurs de religions ou d'écoles philosophiques ont plus ou moins copiée, paraphrasée, hélas ! aussi dénaturée (1) :

« Soyez saints, car je suis saint, moi l'Eternel « votre Dieu. »

Versailles, 2 septembre 1912.

Armand LIPMAN.

----

(1) Qu'il suffise de citer ici :

En fait de copie, le fameux verset de l'Evangile :

« Soyez donc parfaits comme votre Père qui est dans les « cieux est parfait ». (MATTHIEU, v, 48) ;

En fait de paraphrase, cette autre parole de Jésus :

« Chargez-vous de mon joug et apprenez de moi que je « suis doux et humble de cœur, et vous trouverez le repos « de vos âmes ». (MATTHIEU, xi, 29).

Et la strophe souvent citée de Bouddha :

« Cessez de faire le mal, apprenez à faire le bien, purifiez « votre cœur, telle est la religion des Bouddhas. »

En fait de conséquences dénaturées : la vie claustrale, le célibat religieux, le fanatisme dément des brahmanes de l'Inde, des Aïssaouas d'Afrique, des convulsionnaires et des stigmatisés de nos pays.

INTRODUCTION

Je rends grâce à Dieu qui m'a donné la force de publier ces dixième et onzième fascicules. Dans un travail d'aussi longue haleine que la traduction du *Iôreh Dêâh*, je crains toujours de voir mes forces me trahir, avant que je ne sois arrivé au terme final, et chaque fascicule qui paraît m'apporte ainsi une nouvelle joie, un réconfort pour la poursuite de l'œuvre.

Comme je le faisais l'an dernier à pareille époque, j'adresse aujourd'hui mes vifs remerciements à Messieurs les barons Edmond et Edouard de Rothschild, à Madame la baronne James de Rothschild, à Monsieur le Grand-Rabbin de France Alfred Lévy, dont les généreux concours m'ont permis de continuer l'impression du *Rituel du Judaïsme*. Je remercie également du fond du cœur tous les amis de la vérité, juifs ou non-juifs, de l'intérêt qu'ils veulent bien prendre à cette traduction, de l'aide morale et matérielle qu'ils n'ont cessé de me prêter.

Etant données l'élévation des frais occasionnés par l'impression et l'extrême modicité de mes ressources, je me suis tourné vers ceux à qui le succès de l'œuvre devait le plus tenir à cœur, vers les rabbins français. Je dois rendre hommage aux représentants du vieux rabbinat, qui ont immédiatement souscrit à l'ouvrage, et parmi lesquels je me permets de citer ceux dont les lettres respirant la foi me furent un précieux encouragement : Messieurs les Rabbins et Grands-Rabbins Bloch de Pau, Bloch de Lyon, Lévy de Bordeaux, Bloch de Nancy, Bloch de Bruxelles, Dreyfuss de Paris, Emmanuel Weill de Paris, Debré de Neuilly.

L'abstention du jeune rabbinat m'a, je dois le dire, plus peiné qu'étonné. Sauf chez Monsieur le Rabbin Schumacher, de Dijon, qui, dès le début, s'était vivement intéressé à mon travail, je n'ai trouvé que froideur, parfois même hostilité. Ces lois sont si vieilles et eux sont si jeunes !...

Mais c'est à mon excellent ami le Commandant Armand Lipman que doit aller la plus large part de ma gratitude. Aussi modeste que dévoué, il a assumé la tâche ingrate de rendre intelligible et claire l'expression de ces lois, que je traduisais avec amour et fidélité, mais aussi avec gaucherie et lourdeur. Au risque de mettre sa modestie à l'épreuve, je ne puis taire que c'est grâce à l'aisance donnée par lui à une traduction, où je n'avais que le mérite de l'intelligence du texte et de la connaissance des commentaires, que mon œuvre a eu l'honneur d'être présentée à l'Académie des Inscriptions et Belles-Lettres et approuvée par cette savante Compagnie.

Qu'il me soit permis de rendre un hommage respectueux et ému à la mémoire de Monsieur le sénateur

Philippe Berger, qui avait bien voulu présenter les
fascicules VII-VIII et IX à l'Académie, et dont la mort
inattendue m'a privé d'un avocat sympathique. Mais
la cause est bonne, je n'ai pas le droit de perdre cou-
rage ; je continuerai, avec l'aide de Dieu et celle des
hommes de bonne volonté, à publier cette traduction,
la meilleure réfutation de toutes les calomnies forgées
par l'antisémitisme ancien ou moderne.

Les *Archives israélites* du 14 décembre1911 ont donné
le compte rendu suivant :

Protestation monstre contre l'accusation rituelle.

« Huit cent treize rabbins de Russie ont signé la
« protestation solennelle, rédigée par le Rabbinat de
« Saint-Pétersbourg, contre l'accusation de crime ri-
« tuel, déclarant que, dans le texte talmudique et
« chez les auteurs juifs, on ne trouve aucune trace
« de cet usage. »

La meilleure des protestations, la plus sûre des
défenses, n'est-ce pas de faire connaître à tous, amis et
ennemis, ces lois magnifiques de modération, de sa-
gesse et de science ? Le Code juif n'a rien de mystérieux, rien d'ésotérique. Lisez tous, lisez et admirez !
Faire connaître la doctrine juive, c'est la faire estimer.

« Le loup et l'agneau paîtront ensemble ; le lion
« mangera de la paille comme le bœuf, et la poussière
« sera la nourriture du serpent ; ils ne nuiront plus

« et ne feront plus de mal sur toute ma sainte mon-
« tagne, a dit l'Eternel » (Isaie, LXV, 25).

Israël pourrait bien être cet agneau dont parle le
prophète. Certes, aujourd'hui dans notre France,
flambeau de l'Europe, l'antisémitisme n'est plus
guère le partage que des esprits bornés et de quelques meneurs peu scrupuleux. Je suis cependant heu-
reux que mon modeste travail puisse aider à achever
ce que les sentiments d'humanité ont si bien commencé,
montrer aux hommes généreux, qui s'émurent en
faveur de la minorité juive calomniée, qu'ils furent
bien inspirés ; je voudrais qu'en lisant notre Code,
ils fissent cette réflexion : ce sont les descendants du
plus sage des peuples de l'antiquité, ces Juifs que
nous avons secourus simplement parce qu'ils étaient
des hommes.

Je citerai à ce propos quelques mots d'une aima-
ble lettre que Monsieur J. Robertson, ancien profes-
seur à l'Université de Glasgow, m'adressa après avoir
lu mon 9ᵉ fascicule : « Je crois que la publication de
« votre ouvrage réussira à produire parmi les gens
« d'esprit une meilleure appréciation de la bienveil-
« lance de l'ancienne législation, et j'espère que cela
« aboutira à une entente plus cordiale entre juifs et
« chrétiens ».

Le dixième fascicule que je présente aujourd'hui au
public est d'un grand intérêt au point de vue social :

il réglemente d'une façon rigoureuse, mais sage, les rapports entre époux ; il montre aussi l'étendue de la science médicale à l'époque talmudique.

Les lois relatives à la menstruation sont de source biblique. Car on lit dans le *Lévitique*, XVIII, 19 : « ואל אשה בנדת טמאתה לא תקרב לגלות ערותה ». « Tu « n'approcheras pas d'une femme, au moment des « époques, pour découvrir sa nudité. » Le *Penta-teuque*, dans ce chapitre consacré aux mœurs, se sert du mot קרב « approcher » (versets 6 et 19) pour expri-mer les rapports sexuels ; קרב ayant également le sens d' « amitié », l'auteur du *Ioreh Déah* oblige le mari à la plus grande circonspection durant l'indisposition de sa femme; selon lui, un témoignage amical, ou le sim-ple voisinage, peut exciter la passion et faire com-mettre l'acte qu'interdit le *Pentateuque*. C'est là d'ailleurs le système général de la « haie » talmu-dique.

Tout le traité repose sur le mot נדה (*niddah*) qui lui donne son nom, et que je vais expliquer sommairement. נדה (niddah) a un double sens, qui lui vient des deux verbes נדה (naddéh), éloigner, repousser, et נדד (na-dôd), *retirer, agiter*. 1º L'idée d'*éloignement* conduit à celle de la chose *impure* qu'on repousse, et c'est dans ce sens que Zacharie (XIII, 1) emploie le mot quand il dit « לחטאת ולנדה » : pour le péché et pour la *souillure* (causés par l'idolâtrie, v. 2). 2º L'idée de *retrait*, d'*agi-tation*, s'applique aux époques de la femme pendant lesquelles le sang *se retire* de l'intérieur du corps, est expulsé. De là אשה נדה (ichâh niddah), constamment

employé dans notre traité pour désigner la femme qu
a ses règles.

Il en résulte que le mot *niddah* exprime à la fois une
notion morale (celle d'impureté) et une notion physio-
logique (celle de menstruation) ; et c'est pourquoi nous
l'avons traduit par cette expression complète : la
pureté dans le mariage, qui forme le titre du dixième
fascicule.

Moïse est également sévère dans ses prescriptions
sur la menstruation et dans celles ayant trait aux
accouchements (voir *Lévitique*, XII, 2). L'inobservance
des préceptes mosaïques peut entrainer de graves désordres, provoquer une phlegmasie, dangereuse pour
le mari et nuisible à la conception. Ceux qui me verront ainsi défendre et honorer la *science rituelle* souri-
ront sans doute de pitié, et pourtant cette science a
existé. Nul plus que moi n'admire la science et l'habi-
leté de nos modernes praticiens. Mais l'éclat des découvertes modernes ne doit pas nous faire oublier qu'à
une époque reculée, la science médicale, quoique
plus modeste, a déjà brillé, et l'on pourrait lui appliquer ce qu'Aristote disait de la philosophie : « La
science des temps futurs sera comme un homme qui
serait monté sur nos épaules. » Les savants talmudistes,
dans leur prodigieuse activité, travaillaient et ensei-
gnaient sans espoir de récompense matérielle ; ils se
distinguaient particulièrement par leurs connaissances
du droit et de la médecine. Ils recherchèrent dans la
manière de vivre de leurs contemporains la cause des
troubles pathologiques qu'ils avaient sous les yeux; de

là tant de préceptes sur l'alimentation, l'hygiène et les mœurs. Ces prescriptions sont brèves, parce qu'elles s'adressent à des natures simples ; on ne peut en nier l'excellence, en présence de la rare vitalité du peuple juif, qui a triomphé des siècles.

Dans le paragraphe 197, article 1, où il est question de la purification de la femme נדה (niddah) et de celle de la femme זבה (zabhah), je n'ai pas mentionné cette dernière, me bornant à traduire le mot נדה (niddah). Le mot זבה (zabbah) désigne une phlegmasie se rencontrant aussi bien chez l'homme que chez la femme, avec différence de coloration du pus secrété (rouge chez la femme, jaunâtre chez l'homme). Il y a encore plus de danger, dans les rapports sexuels, avec la femme זבה qu'avec la femme נדה (celle qui a simplement ses règles); le premier de ces deux états est maladif et l'autre naturel. C'est pourquoi le *Lévitique* (XV, 19) précise bien; quand il emploie le mot זבה pour désigner le flux naturel, il ajoute : « בבשרה, dans sa chair », pour indiquer la place exacte d'où vient le sang mens-truel « ואשה כי תהיה זבה דם יהיה זבה בבשרה שבעת ימים תהיה בנדתה ». « Quand une femme aura son flux, c'est le sang qui s'échappe de son corps, elle devra cesser la vie conjugale pendant sept jours. » Tandis que s'il s'agit d'une femme réellement זבה (zabhah), la suspension de la vie intime est prescrite pendant sept jours, après que toute tache a disparu : (*Lévitique*, XV, 26) « ואם טהרה מזובה, וספרה לה שבעת ימים ואחר תטהר ». « Lorsque la femme sera guérie de sa « phlegmasie, elle comptera sept jours, et ensuite elle « sera pure après immersion ».

Comme il est très difficile de nos jours de distinguer la *zabhah* de la *niddah*, la loi traditionnelle veut qu'on suive, pour la seconde, la règle qui ne s'appliquait qu'à la première ; elle prescrit donc, pour les époques menstruelles, de compter sept jours après que toute tache a disparu et de se purifier ensuite. La niddah et la zabhah étant ainsi traitées de la même façon par la loi traditionnelle, j'ai cru devoir ne pas traduire du tout le mot זבה (zabhah).

Le dixième fascicule *Niddah* (lois de pureté dans le mariage) et le onzième, comprenant *Tebhilah* (de l'Immersion purificatrice) et *Miqveoth* (des réservoirs destinés à l'immersion), sont en étroit rapport l'un avec l'autre ; il m'a donc semblé préférable de les faire imprimer en un seul volume. Comme dans les fascicules précédents, les renvois en chiffres correspondent à des notes traduites du texte, et ceux en lettres correspondent aux notes que j'ai cru devoir ajouter pour éclairer le lecteur, autant qu'il a été en mon pouvoir.

A. NEVIASKY.

Ministre du Culte israélite à Orléans.

Orléans, le 5 août 1912.
(Le 22 Menahem Ab 5672).

RITUEL DU JUDAISME

DIXIÈME TRAITÉ

הלכות נדה

OU

LOIS DE PURETÉ
DANS LE MARIAGE

§ CLXXXIII

Une femme qui a vu sur elle une goutte de sang de menstruation doit, à partir de ce moment, s'observer pendant sept jours.

(Ce paragraphe contient 1 article.)

ARTICLE 1er. — Lorsqu'une femme a vu sur elle une goutte de sang de menstruation, que ce sang provienne d'une cause naturelle ou d'un accident (un mouvement forcé par exemple), si elle a senti cette goutte s'écouler, ne fût-elle que de la grosseur d'un grain de moutarde, il lui faut compter sept jours, durant lesquels elle observera si le phénomène ne se reproduit pas.

GLOSE : Cette loi est expliquée avec plus de détails dans le paragraphe 196. On ne fait pas de distinction à ce sujet entre la femme mariée et celle qui ne l'est pas, et celui qui se rend coupable d'approcher une femme pendant ces jours, est passible de mort prématurée (*a*).

§ CLXXXIV

La vie conjugale doit être suspendue dès la veille du jour où la femme compte être indisposée.

(Ce paragraphe contient 12 articles.)

ARTICLE 1er.—Les femmes, en général, ont leurs époques à un jour déterminé, par exemple le 20 ou le 30 de chaque mois ; dans ce cas, la vie conjugale peut être continuée jusqu'à ce moment, sans que la femme ait à s'inspecter. Mais une femme qui, se sachant très régulière, s'inspecte néanmoins, est digne d'éloge.

GLOSE : La femme dont les époques sont régulières n'a pas besoin de s'inspecter avant l'époque de son flux menstruel.

ART. 2. — En général, le mari doit interrompre la vie intime douze heures avant le moment où

____

(*a*) Dans le cas actuel, la peine de « mort prématurée » n'a rien de mystérieux pour nous ; car l'inobservance habituelle de cette loi provoque des désordres graves dans la santé de la femme comme dans celle de l'homme.

la femme a régulièrement ses époques ; cependant il a le droit, durant ce temps, de lui prodiguer des témoignages affectueux. Lorsqu'elle doit être indisposée le 30, par exemple, dans la journée, fût-ce même à la fin de cette journée, l'interruption des relations doit commencer le matin ; cependant si l'indisposition n'a pas lieu, la vie intime peut reprendre le soir. Lorsque la femme a pour habitude d'être indisposée le matin, les époux ont le droit d'être ensemble la nuit qui précède. Si elle est indisposée d'habitude le soir, le mari a le droit de l'approcher dans la journée ; mais il doit se séparer d'elle le soir et pendant la nuit ; il peut reprendre la vie conjugale le lendemain si, le soir où sa femme attendait l'indisposition, rien ne s'est produit. On prévoit la date de l'indisposition, sans faire de distinction entre le cas où celle-ci n'a eu lieu qu'une fois à cette date et doit revenir maintenant pour la deuxième fois, et le cas où elle a déjà eu lieu trois fois à cette même date.

GLOSE : Il ne s'agit ici que des femmes dont les époques arrivent régulièrement, sans être soumises à des variations dues à leur état physique (variations provenant d'une frayeur ou d'une longue marche par exemple). Celles qui n'ont pas leurs époques à jour fixe, et chez lesquelles il y a deux ou trois jours d'avance ou de retard, doivent interrompre la vie intime trois jours avant l'époque approximative de l'indisposition, si d'habitude la femme est en avance ; si elle éprouve habituellement trois jours de retard, les époux n'ont pas le droit de continuer la vie intime durant ces trois jours.

Art. 3.— Il n'est question ici que des personnes complètement formées ; mais pour les très jeunes femmes, dont la formation peut n'être pas tout-à-fait complète, et partant la menstruation fort régulière, la vie intime doit être interrompue le jour de l'indisposition, jusqu'à ce que l'indisposition soit revenue trois fois de suite à la même date, d'où l'on conclut alors qu'il y a régularité. La même règle est à suivre pour une femme d'un certain âge qui ne voit plus ses époques se produire (a).

Art. 4. — Lorsqu'une femme a pour habitude d'être indisposée vers le lever du soleil, sans qu'on puisse affirmer si c'est juste avant ou après le lever du soleil, la vie intime doit être interrompue

----

(a) Voir § 189, art. 28.

durant la journée, mais non durant la nuit qui précède cette journée.

ART. 5. — Lorsque la femme est habituellement indisposée avant le lever du soleil, de sorte qu'au lever du soleil les indices de la menstruation existent, la vie intime doit être interrompue durant la nuit qui précède et jusqu'au lendemain à midi.

ART. 6. — Lorsqu'une femme qui a ses menstrues régulièrement le 20 du mois, par exemple, se sent fiévreuse ou fatiguée trois jours avant ce moment, sans pourtant qu'il y ait un indice de menstruation, la vie intime ne doit être interrompue qu'en prenant le 20 comme date d'indisposition. Si le 20 aucun indice n'a paru, la vie conjugale peut continuer.

ART. 7. — Lorsqu'une femme est enceinte ou allaite son enfant, elle n'a pas à se séparer de son mari à l'époque de son indisposition habituelle, et pendant vingt-quatre mois elle n'a pas non plus à s'inspecter. Si l'enfant meurt, il peut également s'écouler vingt-quatre mois avant que la femme ne se trouve de nouveau indisposée (b).

(b) On suppose que la naissance a épuisé la mère au point qu'elle ne peut avoir ses époques qu'après un laps de temps

ART. 8. — Si au moment où une femme a pour habitude d'être indisposée, elle éprouve une grande frayeur, assez forte pour qu'elle ait songé à se cacher, et si par suite de cette frayeur elle n'a pas été indisposée, la vie intime peut se poursuivre sans qu'il y ait lieu d'éprouver la moindre appréhension (c).

GLOSE : Certains disent : si dans ce cas, le moment passé, la femme n'a pas été indisposée et n'a remarqué aucun indice, il est permis de continuer

---

égal à 24 mois. Cependant, si contrairement à cette prévision, la femme se trouve indisposée, elle doit suivre la règle de l'article 3 de ce paragraphe au sujet de la femme indisposée.

(c) D'après l'auteur, il serait permis à la femme de continuer la vie intime, même de propos délibéré, et le cas serait assimilé à l'arrêt de la menstruation dû à la grossesse ou à l'allaitement. Il y a une nuance, cependant. Le retard dans la menstruation, causé par la frayeur, peut être de courte durée ; il est à craindre que la circulation ne reprenne son cours normal peu de temps après cette perturbation. La femme ne devrait donc pas s'approcher de son mari avant de s'être inspectée. On peut cependant tirer cette règle des paroles de Rabi Méir [*Talmud*. Traité Niddah, p. 9, (*a*)]. Rabi Meir dit :

» אם היתה במחבא והגיע שעת וסתה ולא בדקה טהורה
שחרדה מסלכת את הדמים «

« Si une femme a été effrayée au point de se cacher au moment où elle doit avoir son époque habituelle, et ne s'est pas inspectée, il lui est permis de continuer la vie conjugale ; on admet alors que la frayeur a tari le sang de ses époques. »

la vie conjugale sans que la femme se soit inspectée ; cependant il vaut mieux, de propos délibéré,
que la femme s'inspecte (*d*).

ART. 9. — Les femmes doivent s'inspecter au
moment où elles ont l'habitude de se trouver
indisposées. Si malgré tout une femme ne s'est pas
inspectée, si elle n'a senti aucun symptôme d'indisposition et a continué la vie conjugale, cela
est permis. Certains disent que, même dans le
cas où la femme n'a ressenti aucun symptôme
d'indisposition, il est interdit au mari de continuer
la vie intime jusqu'à ce que la femme se soit inspectée. Il n'est question ici que des femmes indisposées à dates fixes ; celles dont les dates ne
sont pas fixes doivent, par conséquent, s'inspecter
à la fin du mois.

ART. 10. — Lorsque le mari quitte la maison
pour partir en voyage, il peut, avant son départ,
jouir de la vie conjugale, même si c'est le moment
où les époux se séparent habituellement, c'est-
à-dire un peu avant l'indisposition (*e*).

(*d*) Il vaut mieux suivre l'avis de l'auteur de la glose.

(*e*) Cette jouissance est non pas facultative, mais obli-
gatoire. On lit dans le *Talmud*, traité Iebamoth, 62 (*b*) :
« ‏ואמר רובל חייב אדם לפקוד את אשתו בשעה שהוא יוצא לדרך‏ »

GLOSE : Mais béni soit le mari qui, plus sévère sur ce chapitre, interrompt, même dans ce cas, la vie intime et se contente de prodiguer des témoignages d'affection à sa femme ! S'il part pour l'accomplissement d'une bonne œuvre, il ne doit pas, avant son départ, jouir de la vie conjugale (*f*). Certains disent : lorsque le mari veut partir en voyage la veille du jour où sa femme, après ses époques écoulées, procédera à l'immersion, le mari doit attendre ce jour de l'immersion (*g*).

ART. 11. — Lorsqu'une femme a ses menstrues

« Rabbi Josué, fils de Lévi, dit : Lorsque l'homme quitte sa maison pour aller en voyage, il est tenu, avant de partir, de jouir de la vie conjugale. »

Cette obligation est fondée sur deux motifs, l'un ayant sa base dans la *Genèse* (chap. III, 16) : « ‏ואל אישך תשוקתך‎ » « Tes désirs t'attireront vers ton mari » ; et l'autre, dans le *Livre de Job* (V, 24) : ‏וידעת כי שלום אהלך ופקדת נוך ולא תחטא‎ « Et tu comprendras bien la prospérité de ta maison, en l'inspectant, et tu ne pêcheras pas ». De ce verset on conclut que le mari doit, avant de partir, goûter les plaisirs permis, et n'en point chercher d'autres, lorsqu'il sera loin de son toit familial.

(*f*) On pourrait, de prime abord, croire qu'il y a contradiction entre l'article et sa glose. Il n'en est rien : Si le mari s'en va pour accomplir une bonne œuvre, on peut admettre qu'il s'agit alors d'un homme vertueux et sachant résister aux tentations qui peuvent l'attendre.

(*g*) Il est dit dans la *Genèse* (I, 28) : « Croissez et multipliez ». Or, d'après certains commentaires, le moment qui suit immédiatement la purification de la femme est le plus propice à la production des fruits de l'union conjugale.

à jour fixe, sans aucune variation, le mari n'a pas le droit de reprendre la vie intime, après qu'elle a été indisposée, avant de lui avoir demandé s'ils en ont le droit. Si une femme n'a pas ses époques régulièrement, on considère le 30 de chaque mois comme le jour où elle serait indisposée.

Douze jours après l'époque de menstruation, la vie conjugale peut reprendre, sans que le mari ait à demander à sa femme s'il en a le droit.

ART. 12. — Quand une femme se trouve indisposée à jour fixe, mais est cependant sujette à avoir ses règles subitement, pour des causes tenant à son état physique (par exemple après une danse ou un saut), on considère le 30 du mois comme son époque de menstruation, afin d'éviter tout désaccord, toute dénégation des mouvements ayant pu entraîner des indices de menstruation.

§ CLXXXV

Cas où la femme, après avoir dit qu'elle était indisposée, dit ensuite qu'elle ne l'est pas.

(Ce paragraphe contient 4 articles.)

ARTICLE 1er. — Lorsque la femme est indisposée, il est interdit au mari de s'approcher d'elle, jusqu'à ce qu'elle ait dit qu'elle a fait son immersion.

GLOSE : Lorsque le temps légal, qui permet à la femme de faire tout le nécessaire après ses époques, est écoulé, si elle dit à son mari que la vie intime peut reprendre, elle est crue, même si l'on aperçoit sur ses vêtements de légères traces de sang, qu'elle explique par le contact d'un corps étranger, comme de la viande, par exemple.

ART. 2. — Lorsqu'une femme a mis, ne fût-ce que pour rire, les vêtements qu'elle porte étant indisposée (*a*), on la considère comme telle, et il est interdit au mari de s'approcher d'elle.

ART. 3. — Quand la femme, après avoir dit .à son mari qu'elle était indisposée, affirme le contraire, on ne croit pas à sa deuxième affirmation, à moins qu'elle ne donne une explication plausible de la première, en disant, par exemple, qu'elle se trouvait trop fatiguée pour supporter la vie intime (ou toute autre raison valable).

GLOSE : Est cependant digne d'éloge l'homme qui, très sévère sur ce chapitre, arrête la vie conjugale, même après la raison donnée par sa femme et prouvant que celle-ci n'est pas indisposée. Mais, d'après la loi, la femme doit être crue, même si elle ne dit rien. Il suffit qu'elle s'approche du lit

______

(*a*) Voir § cxcv, art. 8.

conjugal, et que le mari sache qu'elle n'a donné la première version que parce qu'elle était en colère dans une discussion (*a*).

Toutefois, si le mari a remarqué que sa femme endossait les vêtements qu'elle porte quand elle est indisposée, et si elle déclare ensuite qu'elle ne l'est pas, la femme n'est pas crue, même si elle donne une raison plausible pour expliquer son habillement (*b*).

GLOSE : Si une tache suspecte ayant été relevée, la femme dit qu'un homme compétent a affirmé

(*a*) Il y a, selon moi, dans cette glose, une erreur de copiste. On lit, en effet, dans l'art. 1ᵉʳ de ce paragraphe, qu'on doit ajouter foi aux explications fournies par une femme au sujet de la menstruation, et la présente glose engage à ne pas la croire. La seconde partie de la glose devrait être placée d'abord, de sorte qu'on lirait ceci : « La femme doit être crue, même si elle ne fournit pas d'explications ; il suffit qu'elle s'approche du lit conjugal et que le mari sache pertinemment qu'elle n'a donné la première version que par colère. Cependant, l'homme sévère qui arrête la vie intime, même si la femme lui dit ensuite qu'elle n'est pas indisposée, est digne d'éloge. Il ne se rend aux raisons de sa femme que lorsque celle-ci donne des explications bien fondées.

(*b*) Il ne faut pas assimiler cette règle avec celle du début de ce même article. Endosser les vêtements que l'on porte au moment de la menstruation est une opération pénible ; une femme qui se livre à cette opération sans besoin réel n'est pas sérieuse, et l'on ne peut pas se fier à ce qu'elle avance.

qu'il n'y avait là rien d'anormal, et si celui-ci, interrogé à son tour, répond que la femme a menti, c'est le savant qui est cru, et l'on considère que la femme a ses époques (c).

ART. 4. — Si le mari se trouvant avec sa femme, celle-ci lui dit qu'elle sent des symptômes d'indisposition, il mérite, même s'il s'éloigne d'elle aussitôt, de voir ses jours tranchés, à moins qu'il ne fasse pénitence (d).

GLOSE : Lorsque l'acte a eu lieu sans intention, et que le mari s'est éloigné aussitôt, il doit jeûner durant quarante jours, le lundi et le jeudi de chaque semaine par exemple ; la veille de son jour de jeûne, il ne doit pas manger de viande, ni boire de vin. Si ses forces physiques ne lui permettent pas le jeûne, il doit faire des aumônes, larges s'il est riche, moindres s'il est pauvre (e). Quant à la

––––––––––

(c) Si la femme avait déclaré d'elle-même qu'elle était pure malgré la tache, on l'aurait crue ; mais elle apporte le verdict d'un autre, et non son affirmation à elle ; si donc le tiers, dont elle dit rapporter les paroles, la contredit, on ne peut plus ajouter foi à ce qu'elle a affirmé.

(d) Si l'auteur se montre sévère à ce point, c'est que l'accident, évidemment, arrive à un moment où le mari aurait dû songer à se séparer de sa femme, dans la crainte que le moment des époques ne survînt tout à coup. La fin de la glose confirme cette explication.

(e) La pénitence dont parle la glose a pour but de rendre l'homme moins charnel, en le faisant souffrir physiquement femme, elle est quitte de toute pénitence (f). Lorsque le mari et la femme ont été ensemble en un moment où la femme ne devait ressentir aucun symptôme de menstruation, et que le lendemain la femme découvre une tache suspecte, on considère cela comme un hasard, et ils n'ont besoin de pardon ni l'un ni l'autre, même si la femme ne s'est pas inspectée la veille.

§ CLXXXVI

De l'inspection à faire par la femme, soit avant, soit après la vie intime.

(Ce paragraphe contient 5 articles.)

ARTICLE 1ᵉʳ. — La femme qui est bien réglée n'a à s'inspecter, ni avant un moment de vie intime, ni après. Bien plus, elle ne doit pas s'inspecter avant, en présence de son mari, afin que celui-ci ne puisse penser qu'il y ait quelque chose de changé. Mais Maïmonide dit qu'après la vie intime le mari et la femme doivent s'inspecter, chacun de son côté, une tache suspecte pouvant

---

(f) Pourquoi la femme serait-elle dispensée de la pénitence ? Dans le *Talmud* (traité Niddah, pp. 11, 14 et 63 ; traité Chebouoth, p. 19) les lois sur la menstruation ne s'appliquent-elles pas à la femme aussi bien qu'à l'homme ? L'auteur de la glose aura sans doute considéré la femme comme jouant un rôle passif dans ce cas, et comme absoute par le fait même de l'avertissement qu'elle a donné à son mari.

parfois être découverte à ce moment. Toujours d'après le même docteur, les femmes prévoyantes s'inspectent même avant la vie intime.

GLOSE : La première opinion a plus de fondement que la seconde.

ART. 2. — Quand la femme n'a pas ses époques régulièrement, il faut qu'à la reprise de la vie intime, après les époques, les époux inspectent trois fois leur linge, avant et après la vie intime, afin de s'assurer qu'aucune tache suspecte n'est visible. Si rien n'a été découvert, la vie conjugale peut continuer sans autre inspection. Maïmonide déclare qu'en cas de menstruation irrégulière, la femme doit s'inspecter avant et après la vie intime, d'une façon constante. Il ajoute même que le mari, lui aussi, doit s'inspecter après les moments de vie intime.

GLOSE : Si la femme, s'étant inspectée, a perdu le linge dont elle s'est servie, la vie conjugale ne peut reprendre avant qu'elle ne se soit inspectée à nouveau.

ART. 3. — On considère comme époques régulières celles qui reviennent exactement quinze jours après l'immersion ; lorsqu'elles reviennent plus tard, on les regarde comme irrégulières.

Art. 4. — Il est permis à la femme d'inspecter
le linge de son mari en même temps que le sien ;
si, en effet, on doit ajouter foi à ce qu'elle dit de
son linge à elle, il faut également croire ce qu'elle
dit de celui de son mari.

Art. 5. — Si, trois fois de suite, la femme trouve
des taches de sang après la vie intime, il est absolument interdit de continuer la vie conjugale.
Ceci sera expliqué avec plus de détails dans le
paragraphe suivant.

§ CLXXXVII

**Des taches de sang relevées par la femme et
causées par la vie conjugale.**

(Ce paragraphe contient 14 articles.)

Article 1er. — Lorsqu'immédiatement après un
moment de vie intime, la femme, s'étant inspectée,
découvre une tache suspecte, elle doit recommencer son inspection deux fois ; si trois fois elle retrouve des taches aussitôt après un moment de
vie intime (a), il lui est interdit de reprendre la
vie conjugale ; elle doit divorcer. Si, après qu'elle
s'est remariée, le même phénomène se reproduit

(a) Dans ces trois fois, la première fois est comptée.

exactement, il lui faut divorcer une seconde fois.
Lorsqu'enfin s'étant remariée pour la seconde
fois, le même phénomène se reproduit encore par
trois fois, elle doit de nouveau divorcer, et alors
il lui est interdit de se remarier, tout au moins
avant de connaître la cause exacte de ce phénomène.

GLOSE : D'aucuns disent : comme nous ne pou-
vons pas connaître d'une façon absolument exacte
le moment immédiat après un rapport intime, on
considère comme tel le moment le plus rapproché
qui suit ce rapport, moment où la femme procède
à son inspection. De plus, il faut que les taches
suspectes se soient reproduites trois fois consécu-
tivement ; s'il y a eu interruption, les époux peuvent rester ensemble ; cependant la femme doit
continuer scrupuleusement ses inspections. On ne
fait pas de distinction entre les femmes chez lesquelles ce phénomène a lieu aussitôt après le mariage et celles chez lesquelles il ne se produit que
plus tard. Mais il est bien entendu que tout ceci
n'est en vigueur que lorsque les taches sont trouvées immédiatement après la vie intime.

ART. 2. — Pour faire l'inspection minutieuse
qui apprendra d'où viennent les taches suspectes, la femme doit prendre un petit tube, y
passer un linge très fin, de manière à ce que d'un

côté ce linge dépasse légèrement, puis poser l'autre bout de ce tube exactement sur la place à inspecter, enfoncer alors le petit linge dans le tube de manière à ce qu'il vienne effleurer ladite place, puis retirer le tube. Si le linge est taché, le sang provient bien de la source où on le cherche ; sinon les taches relevées auparavant sur le linge intime ne provenaient pas de cette source, mais d'à côté et la vie intime n'a pas à être interrompue.

Glose : Maïmonide déclare que cette inspection est encore valable de nos jours.

Art. 3. — Si, après trois inspections successives, la femme a découvert des taches suspectes, et si elle veut quand même reprendre la vie conjugale et s'inspecter une quatrième fois, elle le peut (1). D'aucuns disent : du moment qu'elle a trouvé

____

(1) Après trois découvertes successives de taches suspectes, la femme a le droit d'interrompre complètement la vie conjugale et de divorcer pour se remarier avec un autre ; mais si, au lieu d'agir ainsi, elle veut s'inspecter une quatrième fois, pour pouvoir reprendre la vie conjugale, et si cette fois encore elle trouve une tache, elle doit cesser toute vie intime, et elle perd, en outre, le droit de se remarier. C'est pour cette dernière raison que l'auteur du code dit : « Elle peut, si elle veut, se *risquer* à cette opération ». V. Taze, 7.

des taches trois fois de suite, elle ne doit plus attendre, elle doit interrompre la vie conjugale.

GLOSE : Il est permis de se rapporter au premier avis. Si la femme éprouve une douleur au moment où la tache se forme, elle n'a pas à se séparer de son mari, même d'après la seconde opinion (2).

ART. 4. — Lorsqu'il y a eu vie intime peu de temps avant les époques de la femme, et qu'ensuite une tache est relevée, on dit que cette tache n'a d'autre cause que la menstruation prochaine(*b*).

ART. 5. — Quand une femme a une petite blessure à l'endroit où elle pourrait relever une tache suspecte, et qu'elle trouve en effet une tache sur son linge, la tache provient de cette petite blessure. Toutefois si le sang présente une coloration par-

---

(2) La douleur ressentie par la femme au moment où la tache apparaît prouve que cette tache n'est pas de provenance menstruelle, mais est causée par une maladie d'intestins. V. 15, Chabti Cohen, qui vécut au xviiie siècle (abréviation : Chakh.)

(*b*) On pourrait croire qu'il y a contradiction entre cet article et l'art. 2 du § 184. Il n'en est rien. Dans l'art. 2 du § 184, il est dit : עונה אחת. Le mari doit s'éloigner de sa femme 12 heures avant le moment habituel des époques. Le peu de temps dont il est question dans l'art. 4 de ce paragraphe, représente 24 heures.

ticulière, il n'est pas dû à la blessure, mais à la menstruation (c).

GLOSE : Il ne s'agit ici que d'une femme bien réglée. Mais chez la femme non exactement réglée, on a encore le droit d'attribuer la tache à la blessure parce qu'il y a un double doute ; en effet, sans parler de la blessure, le sang pourrait provenir des côtés et non de l'endroit exact d'où vient le sang de la menstruation : la tache peut donc être attribuée, soit à ces côtés, soit à la plaie. Lorsque, chez la femme non exactement réglée, on reconnaît scientifiquement que la tache est de provenance menstruelle, on ne l'attribue pas, bien entendu, à la blessure. Si, chez cette même femme, la tache est découverte après un moment de vie intime, rapproché de l'époque où approximativement la femme doit avoir ses règles, ou si l'on se trouve être le 30 du mois, on attribue encore la tache à la menstruation.

(c) Lorsque la coloration de la tache change instantanément à l'air, il faut se montrer indulgent, bien que le sang ne présente pas exactement l'aspect du sang traumatique. Il faut nous en rapporter à la règle générale, qui déclare « כל ספיקא דרבנן לקולא ». « En cas de doute, il faut se montrer indulgent toutes les fois qu'il s'agit d'une interdiction rabbinique » ; or, toutes les taches suspectes relèvent des lois rabbiniques ; une femme qui a une blessure à la place d'où vient le sang menstruel, et qui découvre une tache sur son linge, peut donc attribuer cette tache à la blessure et continuer la vie conjugale.

Art. 6. — On croit la femme, qui dit avoir une blessure à la place d'où peut provenir la tache, et qui attribue cette tache à la blessure.

Art. 7.— Lorsqu'une femme relève, en s'inspectant, une tache toujours à la même place, on peut conclure qu'elle a là une petite blessure ; encore plus si elle ressent une douleur en faisant son inspection ; et il lui est alors permis de continuer la vie conjugale.

Art. 8.— Lorsqu'une femme, qui a relevé une tache suspecte aussitôt après un instant de vie intime, se fait soigner par un médecin, elle peut continuer la vie conjugale. Si elle n'a consulté le médecin qu'après avoir relevé cette tache trois fois consécutives, on doit se demander si la science a pu réellement remédier à l'état de la malade. Cependant si, dans ce cas, la femme s'est fait soigner par un médecin israélite, au courant de la rigueur de la loi juive sur cette question, et s'il lui déclare qu'il n'y a plus rien à craindre, elle peut reprendre la vie conjugale. Quand une femme qui n'a pas ses époques, relève une tache suspecte sur son linge, si le médecin qui la soigne, fût-il païen, lui déclare que cette tache n'est pas de provenance mens-

truelle, elle doit s'en rapporter au dire de ce médecin.

. ART. 9. — Lorsqu'après une frayeur subite, une
femme sent qu'elle a perdu une goutte de sang
coagulé, et qu'elle s'est aussitôt soignée, elle n'a
pas à interrompre la vie conjugale ; mais si, après
un moment de vie intime, elle trouve immédiatement une tache suspecte, cela prouve que les
soins n'ont pas été suffisants, et il lui faut suspen-
dre la vie conjugale, mais non pas divorcer ; à
moins qu'après des soins nouveaux elle ne trouve
encore une tache à la suite d'un moment de vie
intime, ce qui prouverait qu'il y a état anormal.

ART. 10. — Lorsque la femme a trouvé une
tache suspecte, après un moment de vie intime,
elle peut continuer la vie conjugale, bien entendu
après les purifications réglementaires, c'est-à-dire
qu'elle doit attendre de nouveau sept jours. Cependant il lui faut prendre des précautions ; si,
par exemple, elle a relevé cette tache dans la nuit
qui suit l'immersion, elle ne doit pas reprendre la
vie intime le jour de l'immersion, mais attendre
au lendemain.

GLOSE : Lorsque, trois fois de suite, après l'im-

mersion, elle relève une tache immédiatement
après la vie intime, on revient au cas de l'article 1er
de ce paragraphe ; il lui est impossible, dans ces
conditions, de continuer la vie conjugale. Si c'est
après la naissance d'un enfant qu'elle relève trois
fois des taches après l'immersion et la vie intime,
ou bien si elle relève trois fois ces taches après
chaque naissance, on assimile ces cas à celui de la
blessure : on attribue ces taches à la faiblesse
momentanée de l'organe causée par la naissance
de l'enfant (d). Ceci, bien entendu, si les taches
ne se reproduisent que trois fois. Dans le cas où
elles se reproduiraient une quatrième fois, la femme
devra se livrer à une inspection minutieuse avec le
tube (voir article 2 de ce paragraphe). Si le linge
du tube est taché, la vie conjugale ne peut plus
exister, il faut divorcer. Si le linge reste immaculé,
on en conclut que les taches ont une autre provenance. Si cependant, après purification, la femme
reprend la vie intime et ne trouve plus de trace suspecte, elle peut rester avec son mari.

Art. 11. — Lorsqu'immédiatement après la vie
intime une femme a découvert une tache suspecte,
et que le même phénomène se reproduit au bout
de six mois, elle peut, après les purifications réglementaires, reprendre la vie conjugale. Le phéno-

---

(d) C'est afin que la femme ne soit pas obligée de divorcer, mais il lui faut se purifier. (V. § 196.)

mène ne s'est en effet pas reproduit trois fois de suite, et un laps de temps de six mois est assez grand pour qu'on ne relie pas l'un à l'autre les deux accidents. Cependant il faut, après la deuxième tache, prendre des précautions ; et, six mois après le deuxième accident, les époux devront interrompre la vie conjugale, dans la crainte qu'à cette date le phénomène ne se reproduise pour la troisième fois. On considère ce cas comme une menstruation supplémentaire; les époux peuvent par conséquent rester ensemble, mais à condition de se séparer tous les six mois, à la date où ils pensent que cette tache doit se reproduire. Si, à trois reprises, il n'y a pas eu de tache au bout des six mois, cette séparation supplémentaire n'a plus sa raison d'être.

ART. 12. — Une femme qui a vu trois fois de suite une tache sur son linge, immédiatement après la vie intime, ne doit pas habiter avec son mari, même si les époux n'ont pas l'intention de continuer la vie conjugale. Si le mari veut lui rendre visite, il le peut, mais à la condition que ce soit en présence d'un tiers (e).

____

(e) On ne prend jamais trop de précautions contre les désirs passionnels.

ART. 13. — Une femme vierge qui, après son mariage, voit plusieurs fois une tache sur son linge, à la suite de la vie intime, ne doit pas divorcer pour cette raison ; car on attribue ce phénomène à la virginité. Cependant si ce phénomène recommence après avoir cessé de se produire, la jeune femme est traitée comme les autres femmes, et à la troisième fois elle doit se séparer de son mari.

GLOSE : Quand même le phénomène se serait produit sans interruption, si la femme n'a ressenti aucune souffrance au moment où la tache s'est produite, elle doit se séparer de son mari, quand cette tache se reproduit pour la troisième fois. Quand le mari est faible et perd quelquefois du sang, la tache que la femme peut relever est attribuée au mari.

ART. 14. — Lorsqu'en raison de sa complexion la femme ne peut supporter les immersions, elle doit divorcer d'avec son mari ; car, n'ayant pas le droit de vivre de la vie intime sans ces immersions, les époux ne pourront pas avoir d'enfants (f).

____

(f) Le devoir du mari est de chercher par tous les moyens à garder sa femme et, par suite, de chercher à trouver ce qui permettra à cette dernière de supporter les immersions.

§ CLXXXVIII

De la coloration des taches.

(Ce paragraphe contient 6 articles.)

ARTICLE 1.er. — Toute tache rouge, soit foncée, soit tirant sur le brun, soit noire, est attribuée à la menstruation (a). Lorsque la tache relevée est blanche, ou tirant sur le gris, ou jaune comme la cire, ou jaune d'or, ou encore mieux jaune marron, ou verte comme l'herbe, quand bien même la femme l'aurait découverte en s'inspectant parce qu'elle se sentait faible, on n'attribue pas cette tache à la menstruation, fût-elle entourée d'un cercle rouge plus consistant que la partie médiane.

GLOSE : Cette opinion est plus plausible que celles des docteurs qui, plus sévères, attribuent la tache de la deuxième sorte à la menstruation, lorsqu'elle est entourée d'un cercle rouge.

ART. 2. — Quand une femme a égaré le linge avec lequel elle a fait son inspection, et en ap-

______

(a) Et par suite la femme doit compter 7 jours pour sa purification.

(b) Car si la tache était de provenance menstruelle, le rouge se trouverait au milieu et non sur le pourtour de la tache.

porte un autre, en disant que la tache qu'elle montre est identique à celle du linge égaré, on ajoute foi à ses paroles, à condition que la tache soit blanche ou tirant sur le gris ; mais si la tache présente un aspect indistinct, et s'il peut y avoir doute sur son origine, on l'attribue à la menstruation, même si la femme allègue qu'un autre docteur ou homme compétent a émis un avis contraire.

Art. 3. — Lorsque la femme, ayant fait son inspection à l'aide du tube, relève une tache de sang sur le tube, ou bien trouve un fragment qui présente comme des veinures renfermant du sang, on n'attribue par ce sang à la menstruation ; car ce n'est pas ainsi que les taches dues à la menstruation se présentent. De même, la matrice s'étant déplacée, s'il tombe comme de légers fragments de chair, on n'attribue par ce phénomène à la menstruation, à condition que ces fragments soient excessivement petits, et que, placés dans de l'eau tiède, ils ne se dissolvent pas. Si ces fragments sont plus gros, il n'en est pas de même ; on les considère alors comme du sang ou comme provenant d'un embryon qui n'a pu se former. Dans ce dernier cas, la femme doit se purifier (*c*).

GLOSE : Même si une tache de sang s'est formée au moment de la perte de ces petits fragments, on attribue cette tache à la perte des fragments, et non à la menstruation (*d*).

ART. 4. — Quand une femme a relevé une tache de sang, soit sèche, soit humide, elle doit se purifier. Si elle a relevé un fragment qui présente quelque chose d'un embryon, une pellicule ou des

---

(*c*) L'auteur n'indiquant pas de façon précise la grandeur des fragments, ni le degré de température de l'eau dans laquelle on doit les jeter, il est difficile d'établir une règle sur ces données un peu vagues ; il vaudrait alors mieux, ce me semble, assimiler le premier cas au deuxième : la femme se purifierait dans un cas comme dans l'autre. L'auteur a cependant raison de faire cette distinction subtile, puisqu'on trouve l'examen détaillé de ces cas dans le *Talmud*, traité « Niddah », pp. 20, 21, 22, 23 ; malheureusement, nous ne sommes plus assez versés dans cette science spéciale pour pouvoir en suivre les règles exactement et utilement.

(*d*) Il y a sans doute une erreur dans cette glose. Son auteur voudrait assimiler les petits fragments à une blessure, comme dans le premier cas de l'art. 3 ; mais c'est impossible, car la blessure se trouvant à côté de l'endroit d'où provient le sang menstruel, la femme pouvait avec vraisemblance attribuer à cette blessure la tache qu'elle a relevée sur le tube ; tandis qu'il ne peut en être de même pour les fragments, ceux-ci provenant du même endroit que le sang menstruel. Par conséquent, une femme qui découvre une tache de sang après la perte de ces fragments doit toujours se purifier.

poils, ou des rugosités sanguines, elle doit se purifier avant de reprendre la vie conjugale (*e*), si ces
fragments plongés durant vingt-quatre heures
dans de l'eau légèrement tiède se sont dissous. Cette
eau doit avoir la même température qu'un étang
l'été ou une eau de source qui a été chambrée. Si
les fragments ne se sont pas dissous, la femme n'a
pas à se purifier ; pas davantage si les fragments
se sont désagrégés parce qu'on les a pressés ou éra-
flés avec l'ongle (*f*).

Glose : Si les fragments ayant été frottés avec
l'ongle, ne se sont pas désagrégés, elle n'a pas même
besoin de les faire plonger dans l'eau tiède.

Art. 5. — Il n'est question ici que de fragments
secs ; mais s'ils présentent une légère trace humide
de sang, la femme doit se purifier (*g*).

Glose : Si une partie seulement s'est dissoute,

(*e*) Voir § 94.

(*f*) Dans le *Talmud* (traité Niddah, pp. 22, 6), il est dit
que les fragments qui se dissolvent dans l'eau tiède sont
des embryons, tandis que ceux qui résistent à l'action de
l'eau sont des mucosités provenant d'une plaie de l'intestin.

(*g*) Il ne faut pas confondre ce cas avec celui de l'art. 3 de
ce paragraphe ; ici, le sang se trouve sur la surface du
fragment, et l'on appréhende avec raison qu'il ne soit
d'origine menstruelle, tandis que dans l'art. 3 il s'agit d'un
fragment présentant une trace de sang dans ses veinures.

la femme doit aussi se purifier. Si la femme a perdu à trois reprises des fragments qui jamais ne se sont dissous, elle n'a besoin ni de purification, ni d'inspection, parce que, dans ce cas, le phénomène est attribué à l'état physique habituel de la femme, et non à la menstruation. Ceci encore se rapporte à la femme dont la menstruation est régulière ; pour les femmes à époques irrégulières, voir § 187, art. 5, glose.

ART. 6. — La femme doit placer les fragments dans l'eau, lorsqu'ils présentent des pellicules ou des traces de cheveux ; mais si ces fragments ne sont que du sang coagulé, quand bien même ils ne fondraient pas dans l'eau, l'expérience n'est pas concluante, et la femme doit se purifier. Certains disent : lorsque les fragments ne présentent pas de traces de pellicules, mais sont très petits, comme un brin de chaume par exemple, la femme peut faire l'expérience de l'eau, et elle n'a pas à se purifier s'ils ne se sont pas dissous.

§ CLXXXIX

Des femmes à menstruation régulière et de celles à menstruation irrégulière.

(Ce paragraphe contient 34 articles.)

ARTICLE 1er. — Lorsqu'une femme a ses époques de façon irrégulière, elle doit prendre une précaution supplémentaire à la fin de chaque mois. Lorsqu'elle a ses époques de façon régulière, par exemple le 20 ou le 25 de chaque mois, elle n'a à prendre sa précaution qu'un peu avant l'époque prévue.

ART. 2. — On dit qu'une femme a ses époques de façon régulière lorsque, ayant été indisposée une fois à une certaine date, elle est indisposée ensuite trois fois de suite à la même date, à un mois d'intervalle ; par exemple, après avoir eu ses époques une fois, elle se trouve indisposée trois fois de suite, exactement le 20 du mois au soir. Quel que soit le moment où une femme est indisposée pour la première fois, et bien qu'on ne sache pas si la seconde fois elle le sera à la même date, puisque d'une seule fois on ne peut conclure de règle, il faut cependant que, le mois suivant, la vie intime cesse la veille de cette date. De même, lorsqu'une femme s'est trouvée indisposée un jeudi, un vendredi ou quelque autre jour de la semaine, il faut que quatre semaines plus tard la vie intime entre les époux cesse la veille de ce jour. En un mot, quel que soit le moment où la femme se trouve indisposée, il faut que, dans chaque cas, il y ait séparation entre les époux avant ce moment ; à moins qu'il ne survienne une interruption dans les époques, ce dont il sera parlé plus loin, dans ce paragraphe. Lorsqu'une femme a eu ses époques le 20, puis qu'elle les a eues le mois suivant le 28, il faut attendre que l'indisposition soit revenue trois fois de suite au 28, pour prendre cette date comme date régulière des époques nouvelles ; mais, avant les trois fois dont on vient de parler, il faut appréhender que les époques ne reviennent le 20, et par conséquent on doit prendre ses précautions les trois fois pour le 20 et pour le 28.

Art. 3. — Si une femme s'est trouvée une fois indisposée par accident, ou à la suite d'ablutions après une longue marche, et si, le mois suivant, le même cas s'étant présenté, elle n'a pas été indisposée, on n'a pas à se préoccuper de la date d'indisposition accidentelle du mois précédent.

Art. 4. — Il y a une distinction à faire entre l'indisposition venant à une date, considérée comme régulière parce qu'elle s'est produite trois fois à cette date, et l'indisposition qui n'est pas encore réglée. Quand en effet une femme s'est trouvée trois fois de suite indisposée à la même date ;

si, à cette date, le quatrième mois, elle ne remarque rien, et ne se sent pas même lasse, il faut cependant qu'il y ait cessation de la vie intime dès la veille du jour présumé ; tandis qu'une femme qui, une fois, a été indisposée le 20, et qui ne l'a pas été le 20 du mois suivant, peut reprendre la vie intime le lendemain de ce jour. La femme qui n'a pas ses époques de façon régulière doit s'inspecter à la fin de chaque mois, outre l'inspection qu'elle doit faire à la date présumée de ses règles.

ART. 5. — Lorsque, quatre fois de suite, la date des époques a reculé chaque fois d'un jour (par exemple les époques ont lieu aujourd'hui, puis le trentième jour, puis la troisième fois le trente-et-unième jour, puis la quatrième fois le trente-deuxième jour), on admet que régulièrement l'indisposition viendra un jour plus tard que le mois précédent, et l'interruption de la vie intime se fera d'après cela. Il en est de même lorsque le recul est de plus longue amplitude.

ART. 6. — De même qu'on considère comme époques régulières celles qui, trois mois de suite, tombent à la même date, on regarde comme régulières également celles qui tombent, trois fois de suite, le même jour de la semaine, à des intervalles de quatre semaines.

ART. 7. — On regarde comme époques régulières, avec un retard d'un jour, celles qui se produisent le 15 d'un mois, le 16 du mois suivant, le 17 du troisième mois, le 18 du quatrième, et ainsi de suite. Mais quand une femme, qui était exactement réglée, commence à avoir un recul d'une fois à l'autre, il faut attendre quatre reculs successifs, avant de considérer ce phénomène de recul comme régulier. D'aucuns disent : quand après avoir eu ses époques tous les 14 du mois, une femme les a par exemple le 15 en niçâne, le 16 en iiar et le 17 en sivâne, on peut, en tamouz, compter sur le recul d'un jour, et ainsi de suite (a).

(a) Nous n'avons pas, dans la traduction, substitué aux mois hébraïques les mois de notre calendrier, parce que nous aurions ainsi faussé le sens du texte, pour les deux raisons suivantes :

1° Les mois hébraïques sont *lunaires* ; leur commencement correspond donc à la nouvelle lune, phénomène à *période mensuelle*, tout comme la menstruation (sans qu'il soit dans notre intention d'établir entre ces deux phénomènes aucune autre relation).

2° Les mois hébraïques sont alternativement de 30 et de 29 jours, tandis que ceux de notre calendrier sont alternativement de 31 et 30 jours.

Art. 8. — Il peut arriver qu'une femme, durant trois mois, éprouve un retard d'un jour dans ses époques, puis soit indisposée le quatrième mois à la même date que le premier mois, puis éprouve de nouveau, pendant trois mois, un retard d'un jour, pour revenir encore une fois à la date ini-

En voici le tableau :

Niçane	30 jours	
Iiar...............	29 —	
Sivâne.	30 —	
Tamouz	29 —	
Ab	30 —	
Eloul	29 —	
Ticheri	30 —	
Héchevâne.........	29 —	(éventuellement 30)
Kislev	30 —	(éventuellement 29)
Tébeth	29 —	
Chevate	30 —	
Adar	29 —	(éventuellement 30)
Veadar...........	(mois embolismique, éventuellement tous les 2 ou 3 ans : 29 jours.)	

Dans l'exemple que donne la fin de l'art. 7, on voit que la femme s'est trouvée fatiguée :

Le 15 niçâne, soit le 31e jour (14 adar-15 niçâne).:

Le 16 iiar, soit le 32e jour (15 niçâne-16 iiar) ;

Le 17 sivâne, soit le 31e jour (16 iiar-17 sivâne) ;

Il y a donc en réalité d'abord deux fois recul d'un jour, du 30e au 31e et du 31e au 32e, puis avance d'un jour (du 32e au 31e) ; le troisième recul n'est donc qu'apparent, et l'on se trouve ici en présence d'une règle empirique approchée, et non d'une règle scientifique. La même observation s'applique aux règles analogues qui suivent.

tiale, et ainsi de suite après des périodes de trois mois. Elle doit alors compter pour déterminer l'arrêt de la vie intime, des retards successifs d'un jour pendant trois mois, puis, le quatrième mois, se séparer de son mari comme si elle devait avoir ses époques à la même date que le premier mois. Par exemple, elle compte sur le 15 niçâne, le 16 iiar, le 17 sivâne, le 15 tamouz, le 16 âb, le 17 éloul, le 15 ticheri, le 16 hechevâne, le 17 kislêv.

ART. 9. — On considère comme époques régulières quant au temps celles d'une femme qui est indisposée, par exemple, le 1er niçâne, le 1er sivâne, le 1er âb ; mais ne sont pas considérées comme régulières celles d'une femme indisposée le 1er niçâne, le 1er iiar, puis le 1er tamouz (b).

ART. 10. — Est regardée comme ayant des époques irrégulières la femme qui, ayant été indisposée le 15 niçâne, se trouve ensuite indisposée le 16 iiar, puis le 18 sivâne. En effet, en sivâne, le

______

(b) Dans le premier cas, la menstruation se reproduit de deux mois en deux mois, à date fixe ; dans le second, la date est la même pendant deux mois consécutifs, varie au troisième mois et se reproduit au quatrième. L'auteur admet une périodicité dans le premier cas, ce qui paraît logique.

retard est de deux jours, tandis qu'il est d'un jour seulement en iiar.

ART. 11. — Quand une femme, après avoir été indisposée tous les mois, l'est deux fois de suite au bout de deux mois, on ne peut pas encore, après ces deux fois, considérer ses époques comme des époques régulièrement bi-mensuelles, et il est bon qu'à la fin de son mois elle prenne les précautions d'usage (c).

ART. 12. — Lorsqu'il se produit un changement pour la date des époques, on sait qu'il faut, pour pouvoir considérer cette transformation comme acquise, que le changement se soit reproduit par trois fois. Mais dans les époques avec retard d'un mois, on compte dans les trois fois la première où le changement est survenu. Ainsi une femme a ses époques le 20 niçâne, elle doit le 20 iiar prendre ses précautions ; si le 20 iiar, elle n'est pas indisposée et a ses époques le 20 sivâne, elle doit prendre cependant ses précautions le 20 tamouz ; si le 20 tamouz elle n'est pas indisposée, et a ses époques

---

(c) Ne pas confondre ce cas avec celui de l'art. 9 où la femme est régulièrement indisposée tous les deux mois à date fixe. Ici il y a donc d'un coup changement dans le régime habituel de la menstruation.

le 20 âb, il lui faut encore prendre ses précautions pour le 20 éloul. Une fois le 20 éloul passé, si ses époques ne reviennent que le 20 ticheri, on admet qu'à partir de cette date elle a des époques bi-mensuelles.

ART. 13. — Quand une femme a eu ses époques trois fois lors de la nouvelle lune, on ne considère ces époques comme régulières, que si elles sont survenues au même moment. Si elle a été indisposée trois fois à la nouvelle lune, de jour, et la quatrième fois, à la nouvelle lune, dans la nuit, ou bien trois fois la nuit et la quatrième fois le jour, il n'y a pas régularité, elle doit alors prendre ses précautions le jour et la nuit dont il s'agit. Mais si elle a été indisposée deux fois successives pendant le jour, puis deux fois successives pendant la nuit, ou bien une première fois dans la journée, puis trois fois de nuit, ou une première fois la nuit, et les trois fois suivantes de jour, ou bien trois fois de jour, puis trois fois de nuit on prendra comme base, pour la suspension de la vie intime, la dernière indisposition qui se sera produite trois fois consécutives au même moment.

GLOSE : Quand la date des époques a varié, il faut prendre des précautions jusqu'à ce que, par trois fois, la variation se soit reproduite de la même façon. Par exemple une femme a eu ses époques le 1ᵉʳ niçâne, puis le 20 du même mois, elle doit appréhender pour le 1ᵉʳ iiâr, à cause des époques du 1ᵉʳ niçâne ; si à cette date elle n'est pas indisposée, elle doit prendre ses précautions pour le 9 iiâr, car cela se trouve juste vingt jours après ses époques du 20 niçâne, qui s'étaient produites elles-mêmes au bout de ce laps de temps ; si rien n'est survenu le 9, elle doit prendre des précautions pour le 20 iiâr, c'est-à-dire un mois après ses dernières époques, qui remontent au 20 niçâne, et ainsi, jusqu'à ce que, par trois fois, elle ait eu ses règles juste après un même intervalle, qu'elle prendra comme base pour la quatrième fois. Quand une femme a eu ses époques le 15 niçâne, par exemple, elle doit les attendre pour le 15 iiâr ; si en iiâr elle a ses époques le 16, elle doit appréhender pour le 16 sivâne ; si en sivâne elle a eu ses époques le 17, elle doit le mois suivant appréhender pour le 17 tamouz ; mais si elle est indisposée le 17 tamouz, elle peut considérer qu'elle a dans ses époques un retard régulier d'un jour, et les attendre le 18 âb. D'aucuns comptent le premier retard du 16 iiâr dans les trois retards successifs, et d'après eux, le retard est régulier dès le 17 tamouz.

ART. 14. — Lorsqu'une femme, ayant eu pour habitude d'être indisposée le 20, l'est ensuite le 30 du mois suivant, il lui faut prendre ses précau-

tions le 20, puis le 30, jusqu'à ce que ses époques
soient revenues trois fois de suite le 30, auquel cas
c'est cette nouvelle date qui est considérée comme
la date de ses époques. Si, après avoir eu ses règles deux fois le 30, elle les a de nouveau le 20, on
considère le 20 comme la date régulière, parce
qu'elle avait l'habitude d'être indisposée le 20 du
mois.

ART. 15. — Lorsque la date des époques se
trouve changée, et que celles-ci tombent par exemple le 20 d'un mois, puis le 26 du mois suivant, puis
le 28 du mois suivant, on ne peut pas dire que l'indisposition soit régulière ; si après cela elle se produit le 20, on considère le 20 comme la date régulière, et les époques des 26, 28 et 30 sont réputées
accidentelles. Mais lorsqu'il y a un même changement trois fois de suite, on considère comme date
régulière celle qui découle de ce changement. La
même loi s'applique pour ce qui est du moment
de l'indisposition ; par exemple, une femme a pour
habitude d'avoir ses époques à midi : si deux fois
de suite elle les a le soir, et la troisième fois de
nouveau à midi, c'est midi qu'on considérera comme
moment des époques ; mais si elle est indisposée

trois fois de suite le soir, c'est le soir qui deviendra le moment présumé de l'indisposition.

ART. 16. — La même règle s'applique pour le changement de date. Par exemple, si une femme a d'habitude ses époques à la nouvelle lune, et si, trois fois de suite, à la nouvelle lune, l'indisposition n'est pas survenue, on pense que la date des époques sera changée, et on ne doit plus s'occuper de l'ancienne date. Mais si, la quatrième fois, l'indisposition se produit encore à la nouvelle lune, on continue à considérer la nouvelle lune comme date de l'indisposition.

ART. 17. — Quand une femme a été indisposée parce qu'elle a dansé ou fait un mouvement violent, même si l'accident se renouvelle, on ne peut considérer cette date comme régulière, car l'indisposition est due à une cause étrangère. Cependant, le cas suivant peut se présenter : un dimanche, après avoir dansé, une femme se trouve indisposée ; vingt jours plus tard, elle danse de nouveau le dimanche et le même phénomène se reproduit ; dix-neuf jours après, elle danse le samedi, ne se trouve pas indisposée le samedi, mais bien le lendemain dimanche. Il est alors admis que cette femme se trouve régulièrement indisposée le dimanche, à des intervalles de vingt jours, et l'indisposition n'est plus attribuée à la danse.

ART. 18. — Quand, après avoir marché ou dansé un dimanche ou le jour de la nouvelle lune, une femme se trouve indisposée ce jour-là, puis que ses époques reviennent trois fois de suite à cette même date, on considère ce dimanche ou le jour de la nouvelle lune comme date régulière des époques. Si, la cinquième fois, elle n'est pas indisposée le dimanche ou le jour de la nouvelle lune, et si elle danse le lendemain, on n'a pas à appréhender qu'elle se trouve indisposée de ce fait, car ses époques ne sont attribuées à la marche ou à la danse que si elles se produisent le dimanche.

ART. 19. — Il y a des époques accidentelles pour lesquelles on doit prendre des précautions. Par exemple, une femme se trouve indisposée après s'être étirée, après avoir éternué ou toussé fortement, ou après une crise de danse de Saint-Guy ; si son indisposition revient trois fois de suite après la même cause apparente, il faut que les fois suivantes, lorsqu'elle se sera étirée, aura éternué ou toussé, elle prenne toutes ses précautions en prévision d'une indisposition. Si l'accident est survenu à des intervalles réguliers, si par exemple, plusieurs fois de suite, la femme a fait un mouvement violent, le jour de la nouvelle lune ou le 20 du mois et s'est trouvée indisposée, on considère ce jour comme la date des époques ; car l'intervalle entre les différentes époques ayant été régulier, on peut penser que l'indisposition est régulière, tout aussi bien qu'on peut l'attribuer à la cause étrangère en question. Mais si, à la date habituelle, la femme n'a plus été indisposée, puis qu'un peu plus tard, après un accident analogue à ceux dont on a parlé ci-dessus, elle ait ses époques, et pas à la date habituelle, les époques ne sont plus considérées comme régulières.

GLOSE : On considère les époques comme régulières lorsqu'elles sont survenues après un mouvement forcé, mais à des intervalles réguliers ; mais si, après avoir été indisposée à la date régulière, la femme danse ou marche beaucoup, et se trouve indisposée de nouveau, il lui faudra prendre ses précautions quant à la vie intime, et à la date habituelle et toutes les fois qu'elle se livre à un exercice fatigant.

ART. 20. — Si, s'étant étirée le jour de la nouvelle lune, deux mois de suite, et s'étant trouvée indisposée, une femme s'étire dix jours après et est indisposée de nouveau, on attribue cette dernière indisposition au mouvement qu'elle a fait ; mais si, s'étant étirée au bout de ces dix jours, elle n'a pas été indisposée, et l'est seulement le jour de la nouvelle lune, on en conclut que c'est le jour de la nouvelle lune qui est sa date d'indisposition, et qu'il n'y a pas à se préoccuper des mouvements qu'elle peut faire dans le courant du mois. Un troisième cas peut se présenter : s'étant étirée le jour de la nouvelle lune, à deux nouvelles lunes successives, elle est indisposée les deux fois ; puis la troisième fois elle s'étire le 29 du mois et n'est pas indisposée aussitôt, mais seulement le lendemain, jour de la nouvelle lune, on considère que le mouvement a été la cause de l'indisposition ; c'est en effet le mouvement de la veille qui a pu faire venir les époques le lendemain.

Art. 21. — Lorsque, s'étant étirée le jour de la nouvelle lune, une femme s'est trouvée indisposée, et qu'ayant refait le même mouvement dans le courant du mois elle se trouve indisposée une deuxième fois, il faut que, toutes les fois où elle a fait un mouvement violent, la vie intime cesse pour elle, jusqu'à ce qu'elle se soit inspectée ; car

on doit craindre que le mouvement provoque chez
elle l'arrivée des époques. Si, s'étant étirée, elle
découvre après inspection qu'elle n'est pas indisposée, les indispositions ne sont pas mises sur le
compte de ses mouvements, et elle doit alors prendre ses précautions pour le jour de la nouvelle lune.

ART. 22. — Lorsqu'une femme a aspiré fortement
un jour et qu'elle a eu ses époques ce jour-là, si,
vers la fin du mois elle aspire de nouveau avec
force, même si ce jour-là n'est pas celui où elle devra
être indisposée, elle doit quand même s'inspecter,
de crainte que ce mouvement respiratoire ne con-
tribue chez elle à amener les époques. Si, dans le
courant du mois elle a aspiré avec force, et n'a pas
découvert de tache suspecte après inspection, elle
n'a plus à craindre que son époque puisse être
amenée par un mouvement forcé. Cependant, elle
doit refaire son inspection à la fin du mois, ainsi
qu'un mois exactement après le jour où elle s'est
trouvée indisposée à la suite d'un mouvement forcé;
car on pense que ce jour-là doit être celui de son
indisposition.

ART. 23. — Quand les époques surviennent après
un mouvement, il faut, pour pouvoir admettre que

ce mouvement en est la cause, que le même accident se reproduise exactement trois fois. Si, par exemple, une femme se trouve indisposée une fois après s'être étirée, puis deux fois après avoir éternué, on ne peut pas dire que l'éternuement amène chez elle les époques, car la première fois elles étaient survenues après un mouvement autre ; mais si, par trois fois, elle est indisposée après avoir éternué, ou par trois fois après s'être étirée, on admet que le mouvement sternutatoire dans le premier cas, le mouvement d'étirement dans le second, est la cause des époques ; de même pour les autres mouvements.

GLOSE : Quand, après avoir mangé de l'ail, une femme a ses époques, et que le même fait se produit après qu'elle a mangé de l'oignon ou de l'échalotte, certains disent qu'un aliment excitant amène pour elle les époques ; d'autres pensent qu'on peut assimiler les époques amenées par une nourriture excitante à celles amenées par la danse ou la marche, mais que, dans ce cas, on ne peut pas dire qu'il s'agisse d'époques régulières, à moins qu'il n'y ait coïncidence exacte de jour. D'autres encore considèrent ces époques comme régulières, si elles se produisent trois fois de suite après la même cause, quand bien même elles ne surviennent pas à des intervalles réguliers.

Art. 24. — Lorsque les époques surviennent par accident, le moment seul de l'accident est à appréhender ; si l'accident est passé sans avoir produit l'effet attendu, il n'y a plus rien à craindre. Lorsque, par exemple, une femme de cette catégorie a aspiré fortement un peu avant le moment de ses époques, il faut qu'il y ait suspension de la vie intime dès cette aspiration pénible ; mais si, ce moment passé, les époques ne sont pas venues, il n'y a plus rien à craindre. Si la femme a pour habitude d'avoir ses époques un certain temps après une aspiration pénible, elle doit se séparer de son mari, non au moment de cette respiration gênée, mais après, par crainte que l'indisposition ne survienne quelques heures plus tard. Il n'est question ici que du cas où les époques, survenant après une respiration gênée, se trouvent coïncider avec les époques habituelles ; mais, si cette coïncidence n'a pas lieu exactement, il faut qu'après avoir senti sa respiration gênée, la femme se sépare de son mari, et qu'elle attende le moment de ses époques régulières.

Art. 25. — Lorsque, à certains intervalles de temps, des mouvements ou des accidents sont causes de menstruation, la vie intime doit cesser un peu avant ce moment, comme s'il s'agissait d'une menstruation régulière.

ART. 26. — De même qu'il faut appréhender pour le 20 du mois suivant, lorsqu'une femme a eu ses époques le 20 d'un mois, de même il faut prendre des précautions aussitôt après un mouvement qui, le mois d'avant, avait été cause de menstruation. Par exemple, une femme qui s'est trouvée indisposée après une forte aspiration, doit se préoccuper de savoir si elle n'est pas indisposée de nouveau, après le même mouvement, le mois suivant. De même qu'on ne considère pas comme époques régulières celles qui, par exemple, sont survenues le 20 deux fois, puis la troisième fois à une date autre, de même ne sont pas considérées comme époques provoquées par un mouvement celles qui se produisent deux fois après ce mouvement, mais ne se manifestent pas la troisième fois, après le même mouvement. De même également qu'il faut, pour annuler une date de menstruation régulière, que cette menstruation se soit produite trois fois à une autre date que la date habituelle, de même il faut, pour ne plus considérer un mouvement ou un accident quelconque comme cause de menstruation, que ce mouvement ou cet accident, trois fois de suite, n'ait plus eu d'effet. En outre, lorsqu'un mouvement, exécuté à une date régulière, provoquait la menstruation, il faut, pour que cette date ne soit plus considérée comme moment des époques, que le même mouvement, exécuté trois fois de suite à cette même date, n'ait pas eu d'effet.

ART. 27. — Une fillette âgée de 12 ans moins un jour, non nubile, bien qu'elle présente les signes de la nubilité, ou une fillette nubile, sans en présenter les signes, est considérée comme une femme au point de vue de la menstruation ; c'est-à-dire qu'on la considère comme ayant une menstruation régulière, si trois fois de suite elle a été indisposée à la même date, et comme ayant une menstruation avec retard d'un jour, si quatre fois de suite il y a eu prolongation d'un jour pour l'intervalle d'une époque à la suivante. Cependant on fait une distinction entre cette fillette et la femme, lorsqu'il y a arrêt dans la menstruation. Si, après avoir eu ses époques trois fois régulièrement, elle n'est plus indisposée durant quatre-vingt-dix jours, on dit qu'il n'y a pas menstruation et qu'elle est encore petite fille. Si, au bout des quatre-vingt dix jours, elle est indisposée de nouveau, à la même date qu'avant l'arrêt, il faut, pour considérer la menstruation comme régulière, qu'elle soit indisposée encore trois fois à date régulière ; sinon on dit que l'enfant n'était pas complètement formée, et que ses premières indispositions étaient dues au hasard. Si, après l'arrêt des trois mois, elle est indisposée régulièrement à date fixe trois fois de suite, on considère l'enfant comme formée et ses premières indispositions sont retenues. On admet alors que la fillette a ses époques trois fois régulièrement, après arrêts de trois mois. Lorsque, après l'arrêt de trois mois, elle est indisposée, mais non à des intervalles exacts, par exemple le 18 d'un mois, puis le 20, puis le 22, ou vice versa le 22, puis le 20, puis le 18, on ne tient pas compte des dates des menstruations antérieures à l'arrêt de trois mois ; il faut, pour considérer la fillette comme ayant des époques régulières, attendre quatre indispositions successives normales.

ART. 28. — La même loi s'applique à une femme âgée qui, trois fois de suite, n'a pas eu ses époques ; on en conclut que le temps de la menstruation est passé pour elle, et elle n'a pas à se préoccuper de la date de ses époques antérieures.

Glose : On ne tient pas compte des époques irrégulières survenues avant l'arrêt de la menstruation,
lorsqu'il s'agit d'une femme âgée ou d'une fillette.

Art. 29. — On dit qu'une femme est âgée, lorsque son entourage lui donne le titre de mère, sans
qu'elle s'en trouve offensée.

Art. 30. — Une femme âgée, qui n'a plus eu ses
époques pendant un certain temps et qui retrouve
la menstruation de nouveau, doit suivre la même
loi que la fillette dans le même cas. Voir art. 27
de ce paragraphe.

Art. 31. — Une femme âgée qui, après n'avoir
plus eu de menstruation, est indisposée à nouveau,
doit se préoccuper des dates auxquelles elle avait
auparavant ses époques régulières. Quand, au
temps de sa menstruation régulière, elle était indisposée, par exemple, avec un retard d'un jour,
elle doit, à la reprise de ses époques, prendre ses
précautions en tenant compte de ce retard. Ainsi
lorsqu'elle a été indisposée le 20, elle doit prendre
ses précautions le 21 du mois suivant ; il faut en
outre que ce retard d'un jour se soit renouvelé par
trois fois, pour considérer ces époques comme
régulières. S'il s'agit d'une personne qui, avant la

perte de ses époques, avait sa menstruation à une date fixe tous les mois, elle doit, à la reprise de menstruation et dès la première indisposition, considérer la date de cette indisposition comme époque de menstruation ; on considère alors comme un effet du hasard le temps durant lequel elle n'a pas eu ses époques. Dans le cas de la femme âgée qui était indisposée à date fixe, on est donc moins sévère que pour une fillette, chez laquelle on attend toujours trois indispositions successives avant de se prononcer.

ART. 32. — Une femme peut avoir deux époques dans le mois. Elle en a eu une par exemple le jour de la nouvelle lune ; après avoir été indisposée par trois fois le jour de la nouvelle lune, elle l'est la quatrième fois, le 20, la cinquième fois à la nouvelle lune, la sixième fois le 20 ; elle doit alors prendre ses précautions à ces deux dates (d).

(d) On lit dans le texte : « La quatrième fois, la femme a eu ses époques le 2, la cinquième fois, à la nouvelle lune. Ce doit être une erreur de copie, la lettre ‎ב ayant été mise à la place de la lettre ‎כ qui lui ressemble. En effet, la femme ayant été indisposée la troisième fois à la nouvelle lune, s elle l'était la quatrième fois, le 2, il n'y aurait qu'un retard d'un jour et non une troisième époque comme le veut l'art. 32 ; j'ai donc cru devoir traduire ‎ב ar 20, de façon que la femme semble avoir eu ses époques deux fois par mois.

Art. 33. — Une femme enceinte de trois mois,
ainsi qu'une mère allaitant son enfant, n'ont pas
d'époques. Lorsque l'enfant meurt ou que la mère
ne l'allaite pas elle-même pendant vingt-quatre
mois à partir de la naissance, on ne peut pas, quant
à la menstruation, s'en rapporter aux dates des
époques antérieures à la conception ; car la naissance ayant pris du sang à la mère, il peut y avoir
un changement dans la menstruation. Cependant
la femme doit prendre ses précautions aux dates
des menstruations antérieures, comme lorsqu'il
s'agit d'époques irrégulières.

Art. 34. — Une femme certaine d'être enceinte
ou une mère allaitant son enfant n'ont à se préoccuper d'aucune façon de la menstruation ; si cependant elles se trouvent indisposées, elles doivent interrompre la vie intime pour cette fois ;
mais on considère cette menstruation comme un
accident ne devant pas avoir d'influence ultérieurement.

Après le sevrage de l'enfant, la mère doit se préoccuper, pour sa menstruation, des dates auxquelles elle avait ses époques avant la conception.
Par exemple, si elle les avait le 20 de chaque mois,

ou le 30, ou le jour de la nouvelle lune, elle doit, après le sevrage, prendre ses précautions à ces mêmes dates. Si elle avait l'habitude d'un retard, elle doit à la deuxième indisposition en tenir compte ; de même, elle doit tenir compte des accidents qui, avant la conception, déterminaient chez elle la menstruation : marche, danse, forte aspiration, à une certaine date dans le mois.

§ CXC

Règles relatives aux taches et aux inspections.

(Ce paragraphe contient 54 articles.)

ARTICLE 1er. — D'après la loi biblique, la femme ne doit interrompre la vie intime, après avoir remarqué une tache de sang dans son linge, que lorsqu'elle a senti que cette tache était de provenance menstruelle. Mais les docteurs du *Talmud* veulent que la vie intime soit suspendue toutes les fois que la femme a remarqué une tache, soit sur elle, soit sur son linge, même si elle n'a rien ressenti au moment où la tache s'est formée. Un de ces docteurs ajoute qu'une femme doit interrompre la vie intime, si elle a ressenti le malaise qu'elle éprouve d'ordinaire lorsqu'une tache se forme, et cela même si, l'inspection faite, elle ne trouve rien (*a*). La vie conjugale est suspendue durant sept jours, à dater du lendemain de la formation de la tache.

ART. 2. — Les lois relatives aux taches ne sont pas applicables aux fillettes de moins de 12 ans, qui n'ont pas tous les signes de la nubilité, ni même à celles âgées de plus de 12 ans si elles ne portent pas tous les signes de la nubilité, qu'elles soient mariées ou non (*b*). Si cependant elles ont eu leurs époques par trois fois, il faut tenir compte des taches.

ART. 3. — Lorsqu'une fillette ou une jeune fille, se trouvant indisposée, sent durant plusieurs jours le sang couler sans interruption ou venir goutte à goutte, également sans interruption, on considère cette indisposition comme isolée et la loi sur les

-----

(*a*) C'est une loi biblique qui ordonne l'interruption de la vie intime après la perception d'une douleur annonciatrice de la menstruation ; aussi faut-il se montrer très sévère. Si, l'inspection faite, la femme ne découvre aucune tache, on appréhende qu'il ne soit sorti un caillot sec n'ayant pas laissé de trace.

(*b*) Il me semble qu'il vaut mieux ne pas faire de distinction d'âge ; la jeune fille, une fois mariée, doit être considérée comme toute autre femme sous le rapport de la menstruation.

taches ne s'applique pas encore après cette première menstruation. Mais si, après avoir coulé, le sang s'arrête, puis repart, puis s'arrête, puis repart à nouveau, tout cela se fût-il passé en un seul jour, on compte comme indisposition particulière chacune de ces reprises d'écoulement ; on dit qu'il y a eu trois indispositions, si le phénomène s'est renouvelé trois fois, fût-ce dans le même jour, et la loi relative aux taches lui est applicable. Un auteur dit que, même dans ce dernier cas, il faut, pour appliquer la loi relative aux taches à la jeune fille, que celle-ci soit indisposée trois fois à des dates différentes.

Glose : Il vaut mieux se montrer plus sévère et suivre le premier avis.

Art. 4.— La loi relative aux taches n'est pas applicable à une fillette, qui n'a pas encore l'âge de la menstruation, et qui, après avoir été indisposée trois fois, reste trois fois, c'est-à-dire pendant 90 jours, sans l'être ; mais la loi devient applicable si, après ce laps de temps, la fillette s'est trouvée de nouveau indisposée trois fois.

Art. 5. — Quand une tache doit-elle entraîner la suspension de la vie conjugale ? Lorsqu'elle est un peu plus large qu'un grain de blé écrasé ; un grain de blé écrasé est aussi large que 9 lentilles, et une lentille tient la largeur de 24 cheveux. Lorsque la tache occupe moins de place, on l'attribue à l'écrasement d'un insecte, même si l'insecte n'a pas été vu ou détruit par la personne elle-même. Il y a des grains de blé de grosseurs diverses ; on prend pour base un grain de grosseur ordinaire. Que la tache soit de forme carrée ou de forme allongée, elle entraîne la cessation de la vie conjugale, si elle a la largeur voulue (c).

ART. 6. — Quand la tache a la largeur précitée, il n'importe qu'elle soit découverte sur le linge ou sur le corps. D'aucuns disent qu'une tache, fût-elle beaucoup plus petite, si elle est trouvée sur le corps,

---

(c) Les longues explications de l'auteur nous montrent combien il faut être indulgent lorsqu'il s'agit d'une tache suspecte. D'un autre côté, nous lisons dans le *Talmud* (traité Niddah, p. 58 *b*) cette réponse de Rabbi Akiba à ses disciples étonnés de sa modération, un jour où une femme l'avait consulté au sujet d'une tache suspecte : « Pourquoi « vous étonnez-vous ? Ne savez-vous pas que le *Penta-* « *teuque* ne fait aucune mention des taches suspectes ? On « lit seulement dans le *Lévitique* (XV, 19) : « ואשה כי תהיה « זבה דם, יהיה זבה בבשרה ». « Quand une femme aura son « flux de sang en sa chair » ; or, un flux de sang n'est pas une « tache suspecte ; c'est pourquoi on peut chercher à at- « tribuer ces taches suspectes à des causes extérieures ».

et à une place où elle pourrait provenir de la menstruation, doit toujours entraîner la suspension de la vie conjugale.

Art. 7. — Si une femme a trouvé une tache, après avoir écrasé une punaise, ou encore si la tache a l'odeur particulière de la punaise, la tache ne doit pas entrer en ligne de compte, tant qu'elle ne dépasse pas la grosseur d'un pois.

Art. 8. — Lorsque la tache n'occupe pas un peu plus de place qu'un grain de blé écrasé, elle n'entraîne pas la cessation de la vie conjugale. Quand cette petite tache se trouve répétée sur le linge, on n'additionne pas les taches diverses, mais on les attribue à un insecte, à moins cependant que l'une d'elles ait la grandeur suffisante pour entraîner arrêt de la vie conjugale. D'aucuns disent : lorsque ces taches, même très petites, sont trouvées sur le corps, on les additionne ; elles doivent arrêter la vie intime, si, ainsi additionnées, elles occupent plus de place qu'un grain écrasé.

Art. 9. — Si la tache est trouvée sur le corps, si elle est large ou allongée ou en forme de gouttelette, si le sens de sa longueur est le sens de la largeur de la cuisse, ou si l'on voit que la tache remonte de bas en haut ; si, de plus, cette tache est à une place où elle pourrait provenir de la menstruation, elle entraîne cessation de la vie conjugale et l'on compte sept jours à dater du lendemain du jour où elle a été vue. On n'entre pas dans les diverses considérations qui pourraient faire croire que cette tache n'est pas due à la menstruation.

Art. 10. — Toute tache découverte dans les vêtements d'une femme, ou sur un objet qu'elle approche ou touche, à une place où une souillure ne peut matériellement pas trouver naissance, n'entre pas en ligne de compte. Une tache n'est pas non plus prise en considération, si elle est trouvée sur un vêtement de couleur.

Glose : Afin d'éviter toutes ces préoccupations inutiles, il serait assez sage d'après cela qu'une femme s'habillât de vêtements de couleur, lorsque sa menstruation est passée.

Art. 11. — Toute tache trouvée sur le corps n'est pas forcément considérée comme impure, à moins qu'elle ne puisse être attribuée à la menstruation, étant donnée sa place. Par exemple, une tache sur la cuisse, sur le talon, sur le coup de pied, du côté intérieur, sur le gros orteil, peut et doit être attribuée à la menstruation ; de même une tache

remarquée sur la main, car les mains, agissant toujours, peuvent être souillées. Est également regardée comme impure toute tache trouvée au-dessus
de la ceinture, sur la cuisse ou la jambe côtés externes, si la femme a fait de la gymnastique et
s'est placée la tête en bas. A part ce cas exception-
nel, une tache trouvée sur la cuisse, la jambe ou le
talon, côtés externes, ne compte pas. Quand une
femme remarque sur elle une tache, après être
allée dans un abattoir, ou après avoir fait un ouvrage pouvant lui laisser des traces ayant cet aspect, cette tache est prise en considération, si elle
ne se trouve que sur le corps ; si elle se trouve en
même temps sur les vêtements, on l'attribue à une
cause extérieure. De même, quand une femme a une
blessure ouverte, et qu'elle trouve une tache sur
elle, toutes les fois où la tache, de par son emplacement, ne peut provenir que de la blessure, on ne
la considère pas comme impure. Mais si la blessure
est sur l'épaule, on ne peut lui attribuer les taches
trouvées sur le corps.

ART. 12. — Une tache sur un vêtement de dessous, dans la région de la ceinture ou au-dessous,
même si elle touche une partie externe du corps,
est attribuée à la menstruation.

Glose : Il n'est pas fait de distinction entre la tache trouvée par devant ou par derrière, car les vêtements peuvent tourner. Si une femme trouve une tache sur son vêtement et sur son corps, en revenant d'un abattoir, on attribue cette tache, fût-elle placée pers le côté interne du corps, à une cause extérieure et non à la menstruation. Quand, sans être allée à l'abattoir, elle trouve une tache sur son vêtement seulement et au-dessus de la ceinture, on n'attribue pas cette tache à la menstruation, même si la femme a fait un mouvement de gymnastique lui plaçant les pieds au-dessus de la tête. On estime en effet que si la tache était de provenance menstruelle, il s'en trouverait également une sur le corps.

Art. 13. — Une tache trouvée sur le bord d'une pièce d'habillement, si ce bord peut effleurer la source menstruelle, ne fût-ce qu'en se baissant beaucoup, est attribuée à la menstruation. Mais si le vêtement ne peut effleurer cette source, la tache n'est pas comptée comme impure.

Art. 14. — Est attribuée à la menstruation toute tache trouvée sur la couverture du lit, à quelque place que ce soit, la couverture étant mobile. Est de même considérée comme de provenance menstruelle une tache découverte sur la ceinture ou sur le bonnet dont la femme s'est servie pour la nuit. Cependant on ne fait pas cas d'une tache découverte, le lendemain, sur un bonnet qui, la veille, avait été attaché solidement et qui est resté fixé sur la tête.

ART. 15. — Lorsque deux femmes ont passé la nuit côte à côte, recouvertes d'une même couverture, et qu'elles trouvent le lendemain une tache sur cette couverture, elles doivent se considérer toutes deux comme ayant eu leurs époques. Si une seule des deux a été couverte, quand bien même elles auraient transporté la couverture ensemble, et où que soit la tache, la femme qui était couverte a seule à se purifier.

ART. 16. — Une femme, ayant une plaie au cou, a trouvé une tache sur un vêtement dont elle se sert pour se couvrir la nuit : quand bien même cette tache serait sur une partie de ce vêtement, placée au-dessous de la ceinture, on l'attribue à la blessure, en partant de ce fait que le vêtement a pu être taché lorsqu'il couvrait la blessure, car il n'était pas fixé au corps et a pu toucher le cou dans un mouvement quelconque.

Art. 17. — Lorsqu'une femme, qui n'a fait aucun mouvement de gymnastique, trouve sur elle deux taches, l'une au-dessus, l'autre au-dessous de la ceinture, on ne les attribue pas à la menstruation. En effet, celle qui se trouve au-dessus de la ceinture ne peut être de provenance menstruelle, et doit être attribuée à une cause extérieure ; dès lors, la même cause a pu provoquer la deuxième tache. Il ne s'agit ici que du cas où la tache au-dessus de la ceinture est plus grande qu'un grain de blé, et ne peut provenir de l'écrasement d'un insecte ; mais si cette tache occupe moins de place qu'un grain et peut être attribuée à l'écrasement d'un insecte, la tache d'au-dessous de la ceinture, étant plus grande, est alors regardée comme provenant de la menstruation.

Art. 18. — Toutes les taches trouvées par une femme, lorsqu'elle ne ressent absolument rien qui puisse les lui faire attribuer à la menstruation, tombent sous le coup de défenses traditionnelles ; aussi est-il bon de se montrer assez large dans ces cas et de ne pas inquiéter la femme, lorsqu'on peut éviter de le faire. Par exemple, si elle découvre une tache sur son vêtement de dessus, en revenant d'un abattoir, ou après avoir nettoyé des taches, ou après avoir passé près d'un endroit où l'on nettoyait des taches et où elle pouvait se salir, on n'attribue pas ces taches à la menstruation ; il en est de même lorsqu'elle trouve, dans ces conditions, une tache sur un vêtement de dessous, quand bien même elle en porterait deux autres par dessus ; mais il ne faut pas que la tache se retrouve sur le corps. Quand une femme se trouve une tache sur le corps, et qu'elle a une plaie, cette plaie fût-elle légèrement cicatrisée et recouverte d'une pellicule, mais saignant encore au frottement, on attribue la tache à la blessure, à condition toutefois que d'après la place, la tache puisse bien provenir du sang de la plaie.

ART. 19. — Par analogie, lorsque le mari ou l'enfant de la femme se sont trouvés dans les cas précédents et ont eu des taches, et que la femme en trouve aussi sur elle, on peut dire qu'ayant approché son mari ou son enfant, c'est à eux qu'elle doit ces taches ; il en est de même quand le mari ou l'enfant ont une blessure. Mais, dans le cas où le mari ou l'enfant, s'étant trouvés en un endroit ou bien ayant fait un travail, où ils ont pu se tacher, n'ont rien sur eux, et où la femme, au contraire, se trouve une tache, elle ne devra plus l'attribuer au contact des siens, mais à la menstruation. Cependant, quand le mari se livre à un certain travail, par exemple, tue un animal, du sang peut jaillir sur sa femme, sans que lui-même soit souillé ; dans ce cas, si la femme trouve une tache sur elle, on l'attribue encore à la cause extérieure.

GLOSE : De même, une femme qui a dormi près d'une autre femme qui avait une plaie peut attribuer une tache, qu'elle se trouve, à la blessure de sa compagne.

ART. 20. — Quand le mari est atteint d'une maladie, dont l'effet se traduit par le saignement d'une partie du corps toujours couverte, et que la femme trouve une tache sur son linge, on attribue la tache à l'affection dont souffre le mari.

ART. 21. — Une tache, trouvée sur le bord du linge touchant la partie postérieure du corps, est attribuée à une plaie existante, même si cette plaie est par devant ; car le linge a pu tourner, lorsque la personne était assise ou couchée, et être ainsi souillée en une de ses parties qui ne touche pas la blessure habituellement.

Art. 22. — Lorsqu'une femme trouve une tache sur ses vêtements, et qu'elle ne se souvient pas avoir passé devant un abattoir ou un emplacement où l'on nettoyait des taches, et où elle aurait pu se salir, il faut nécessairement attribuer la tache à la menstruation. Il s'agit ici d'une ville, où l'abattoir et les ateliers de détachage ont une place fixe ; mais si la femme habite une localité où l'on abat les bêtes et où l'on nettoie et lave, tantôt à un endroit, tantôt à un autre, on peut dire qu'elle a été tachée dans une de ses sorties, sans s'en être rendu compte.

Art. 23. — Une femme qui nettoie des taches rouges et trouve sur elle une tache noire, ou qui nettoie des taches noires et trouve sur ses vêtements une tache rouge, doit attribuer à la menstruation les taches qu'elle a découvertes. Mais si, nettoyant des taches, rouges ou noires, elle découvre sur elle des taches de même coloration que celles qu'elle lave, et dans un ton différent, on attribue les taches découvertes au travail exécuté par la femme.

Art. 24. — Quand, après avoir préparé un poulet, une femme trouve sur sa robe une tache, rouge, noire ou jaune, on admet que cette tache provient du poulet. En effet, le sang qui jaillit lorsqu'on égorge le poulet est rouge, le sang qui dégoutte ensuite des membres, lorsqu'on le prépare, est noir, et celui qui provient des viscères est jaunâtre.

ART. 25. — Lorsque deux femmes trouvent, chacune sur ses vêtements, une tache de la largeur d'un séla (d), après avoir préparé ensemble un oiseau, dont le sang perdu ne couvrirait pas une surface plus grande que celle du séla, elles sont considérées comme impures toutes les deux.

ART. 26. — Une femme qui, après une préparation culinaire, où elle ne pouvait trouver sur elle qu'une tache de la grosseur d'un grain de blé, en trouve une d'une grandeur double, n'est pas considérée comme impure pour cela. On admet en effet que la tache était primitivement de la largeur d'un grain, et qu'elle a pu s'agrandir ensuite par l'écrasement d'un insecte. Mais si la tache est plus grande que deux grains de blé, la femme est considérée comme impure.

(d) *Séla*, pièce de monnaie d'argent, la même que le sicle biblique, du poids de 15 grammes. (Voir neuvième traité, des *Prêts à intérêts*, p. 32, note *h*.)

GLOSE : Certains se montrent plus sévères et déclarent la femme impure, même dans le premier cas ; cependant on peut s'en rapporter à l'art. 26 et se montrer indulgent, car il vaut mieux être modéré dans ces questions de taches.

ART. 27. — Quand la femme, après une préparation culinaire, où elle ne pouvait trouver sur elle qu'une tache plus petite qu'un grain de blé, en trouve une plus grande que le grain, elle est pure. On admet que la tache, très petite primitivement, a été augmentée par suite de l'écrasement d'un insecte ; il en est de même si la tache trouvée est de la grosseur de deux grains de blé.

GLOSE : D'aucuns se montrent plus sévères et déclarent la femme impure, à moins cependant qu'on ne sache pas exactement quelle grosseur on peut attribuer à la tache provenant de la préparation dont il s'agit.

ART. 28. — Lorsqu'une femme trouve sur son vêtement une tache de la grosseur de deux grains de blé, et le corps d'un insecte écrasé, elle est pure; car on admet que la tache provient de l'écrasement de deux insectes, dont l'un a disparu et l'autre est resté sur le vêtement.

ART. 29. — Lorsqu'une femme a écrasé une

punaise et se trouve une tache, bien que la tache laissée par cet insecte soit plus grande que celle laissée par un autre insecte, on prend cette tache pour unité.

ART. 30. — Pour toute tache trouvée sur soi après avoir manipulé un mets ou un objet sanguinolent, il n'est pas ordonné de la suspecter quant à la teinte, à moins toutefois que sa couleur ne soit vraiment différente de la couleur du sang touché, par exemple que la tache soit noirâtre quand le sang touché était rouge vif.

ART. 31. — Lorsqu'une femme trouve sur elle une tache, sans avoir touché à une chose saignante, ni pouvoir l'attribuer à aucun objet extérieur, il lui faut laver cette tache en différents liquides, au nombre de sept et spécialement préparés ; si la tache subsiste, c'est qu'elle provient d'une teinture, car du sang eût été dissous par ces lavages. Mais, comme nous ne sommes plus capables de préparer ces liquides spéciaux, on ne peut plus faire l'expérience, et il faut considérer la tache comme étant de provenance menstruelle.

ART. 32. — Quand, s'étant inspectée et n'ayant

rien trouvé sur elle, une femme se livre à un certain travail, et se découvre une tache à une place qui était intacte un moment auparavant, elle doit se remettre à son travail : si elle trouve encore une fois une tache à une deuxième inspection, on attribue la tache à la menstruation ; si elle ne découvre rien, elle est pure.

ART. 33. — Quand, s'étant inspectée à l'aide d'un petit linge, une femme trouve sur ce linge une tache de sang, on déclare la tache de provenance menstruelle, qu'elle soit ronde ou allongée. Si, s'étant inspectée avec le linge, elle y trouve une tache de sang et un insecte écrasé, on considère également la tache comme étant de provenance menstruelle, quelle qu'en soit la forme. De même si, après s'être inspectée à l'aide d'un linge, la femme pose ce linge dans une boîte et ne l'examine qu'une heure après l'inspection, si ce linge porte une tache, la femme doit se considérer comme étant impure, quelle que soit la forme de la tache.

ART. 34. — Quand, après s'être inspectée avec le linge selon la prescription (voir § 187, art. 2), la femme pose son linge sous l'oreiller et ne le regarde que le lendemain matin, il faut considérer deux cas : si elle trouve une tache allongée et si, en tirant sur le linge lorsqu'elle fait l'inspection, la tache s'étend en longueur, la tache est d'origine menstruelle ; si, au contraire, elle est ronde et pas plus grosse qu'un grain de blé, on peut l'attribuer à un insecte.

GLOSE : Quand la tache est ronde, on l'attribue à un insecte, même si elle est un peu plus grande qu'un grain de blé.

ART. 35. — Quand, s'étant inspectée à l'aide d'un linge, et selon la prescription, la femme, sans regarder le linge, l'attache sous sa ceinture et ne l'examine que le lendemain, il est admis que, si elle découvre une tache, si petite soit-elle, mais de forme allongée, cette tache provient de la menstruation ; mais si la tache est ronde, et pas plus grande qu'un grain de blé, on l'attribue à une cause extérieure. Certains disent que, même dans ce dernier cas, il faut la considérer comme menstruelle.

ART. 36. — Lorsqu'une femme s'inspecte avec un linge qui ne lui a jamais servi, qu'elle le pose soigneusement dans une boîte et qu'elle trouve ensuite sur ce linge une tache très petite, plus petite qu'un grain de blé, on n'attribue pas cette tache à la menstruation. Si la tache est aussi grosse ou un peu plus grosse qu'un grain de blé, on la considère comme étant de provenance menstruelle.

GLOSE : Il ne s'agit ici que d'une inspection faite avec un linge servant pour la première fois. Lorsque le linge a déjà servi et peut présenter une tache ayant existé avant l'inspection, si la femme trouve sur ce linge une tache même de la grosseur d'un grain de blé, on ne l'attribue pas à la menstruation.

ART. 37. — Quand une femme, après s'être inspectée avec un linge qui n'a jamais servi, le pose sur sa cuisse sans le regarder, si elle y trouve ensuite une tache de sang de la grosseur d'un grain, on n'attribue pas la tache à la menstruation.

GLOSE : Elle a encore moins à s'inquiéter, si elle a posé son petit linge à un endroit où il pouvait certainement être taché par l'effet d'une cause extérieure ; alors on ne fait pas cas de la tache, même si elle est plus grosse qu'un grain de blé.

ART. 38. — On dit qu'un linge a servi, lorsque la femme, après s'être inspectée avec ce linge, l'a mis de côté sans le regarder, et qu'ensuite elle n'est pas allée à un abattoir, ni ne s'est livrée à aucun travail où elle aurait pu se tacher, de sorte que la tache du linge puisse être attribuée à une cause extérieure.

ART. 39. — Quand, avant de s'habiller, la femme inspecte son vêtement et ne trouve rien, puis qu'elle voit plus tard une tache, on attribue cette tache à la menstruation. Mais si elle s'est habillée sans inspecter sa robe au préalable, on admet que la tache découverte existait déjà et a une tout autre origine que la menstruation.

ART. 40. — Quand, avant de mettre un vêtement, une femme l'inspecte sans y trouver de tache, le quitte ensuite et l'inspecte à nouveau, n'y découvre rien de suspect, puis le prête à une autre femme, qui, après l'avoir porté, y découvre une tache, la propriétaire du vêtement est réputée pure ; mais la deuxième personne doit se purifier.

ART. 41. — Quand une femme, avant de mettre un vêtement, l'inspecte et le trouve sans tache, puis ne le regarde pas après l'avoir quitté, et le prête à une Israélite qui a ses époques, ou à une Kouthi (e) ; quand, ensuite, la propriétaire du

____

(e) *Kouthi* désigne généralement les Samaritains, parfois les païens ; c'est ce dernier sens qu'il faut prendre ici, en vêtement le trouve taché, il est admis qu'elle est cependant pure, car on attribue cette tache à l'Israélite qui était indisposée, ou à la femme Kouthi qui ne s'inspecte jamais. De même si, après s'être inspectée et n'avoir rien trouvé de suspect, elle prête son vêtement à une Israélite qui a ses époques ou à une Kouthi, si elle met ensuite de nouveau ce vêtement sans l'inspecter et y trouve une tache après l'avoir quitté, on admet que la tache provient de l'emprunteuse, même si la propriétaire du vêtement se trouvait, pendant qu'elle le portait, dans la période des sept jours de pureté (*f*).

Glose : V. § 196. Dans le dernier cas, il est cependant bon de se montrer plus sévère pour la propriétaire du vêtement, si elle se trouvait, lorsqu'elle l'a porté, dans les trois premiers jours de la semaine de pureté (*g*).

---

raison même de sa généralité. Notons ici, en passant, ce démenti que donne le code juif aux accusations calomnieuses de haine contre le païen, dont il fut si souvent victime : le code trouve tout naturel qu'une israélite prête sa robe à une païenne.

(*f*) Une femme ne peut commencer à compter ses 7 jours de pureté que le lendemain de l'arrêt de ses époques ; durant ces 7 jours, elle est donc considérée comme une femme dont l'indisposition est passée.

(*g*) Beaucoup de commentateurs sont de l'avis de l'auteur du code et non de celui de l'auteur de la glose.

Art. 42. — Une femme a prêté un de ses vêtements à une femme non encore nubile et cette dernière l'a mis dans les vingt-quatre heures qui ont suivi son mariage ; ou elle l'a prêté à une femme qui vient de se marier et qui a porté le vêtement dans les quatre jours ayant suivi son mariage ; ou encore elle l'a prêté à une femme qui se trouve dans ses jours de pureté (c'est-à-dire dans les jours qui précèdent ses ablutions purificatrices après la naissance d'un enfant) : si ensuite elle découvre une tache dans ce vêtement, on attribue la tache à l'emprunteuse du vêtement. Il en est de même si elle a prêté sa robe à une femme qui se trouve dans ses sept jours de pureté avant les ablutions purificatrices (h).

Art. 43. — Si une femme a prêté un de ses vêtements à une personne qui se trouve souvent des taches ; si l'emprunteuse s'est trouvé une tache avant de mettre le vêtement en question, ou si elle en a trouvé une sur un autre vêtement après avoir mis celui-ci, on ne peut pas, lorsque la propriétaire trouve une tache sur le vêtement prêté, affirmer

______

(h) Cette dernière règle semble être en contradiction avec la fin de l'article précédent, que nous avons justifiée dans la note f ci-dessus.

que cette tache provient de l'emprunteuse, et les deux femmes devront se purifier. Cette double purification s'impose encore davantage (*i*), lorsque le vêtement a été prêté à une femme qui était pure avant de l'endosser, et que l'on y trouve ensuite une tache.

ART. 44. — Quand une femme, après avoir mis un vêtement pendant ses époques, le remet étant pure, sans l'avoir inspecté préalablement, et qu'elle y voit une tache en le quittant, on admet que cette tache provient du temps où la femme était indisposée.

ART. 45. — Une femme enceinte, qui trouve une tache sur un vêtement qu'elle a porté avant sa grossesse, doit attribuer cette tache à l'époque où elle n'était pas encore enceinte. De même une femme, qui nourrit son enfant, et qui trouve une tache sur une robe qu'elle portait avant la conception, doit attribuer la tache à cette époque antérieure.

____

(*i*) Au premier abord, on pourrait s'étonner de cette règle sévère, puisqu'on doit se montrer modéré en cas de doute ; mais ici, il n'y a aucun doute sur l'origine de la tache, on sait qu'elle est de provenance menstruelle ; ce qu'on ignore seulement, c'est de quelle femme elle provient, d'où nécessité de la purification pour les deux femmes.

Glose : Il en est de même pour une femme qui n'a plus ses règles et qui trouve une tache sur un vêtement qu'elle portait au temps où elle les avait encore.

Art. 46. — Quand une femme donne à laver un vêtement qu'elle a porté pendant ses époques, le met après le lavage, et y trouve une tache en le quittant, plusieurs cas se présentent.

1º La blanchisseuse est Israélite, mais n'est pas là pour qu'on puisse lui demander si la tache était antérieure au lavage et y a résisté ; la femme doit alors se purifier. 2º La blanchisseuse israélite est là et, sur la question du docteur, elle déclare qu'elle n'a pas inspecté le vêtement après l'avoir lavé, qu'elle ignore par conséquent si la tache est antérieure ou non au lavage ; dans ce cas on peut admettre que la tache est antérieure au lavage et la femme n'a pas à se purifier. 3º La blanchisseuse n'est pas Israélite, c'est une Kouthi (*j*) par exemple ; alors, même si elle n'est pas là pour qu'on puisse l'interroger, on admet que la tache est antérieure au lavage. Cependant, on peut parfois assigner une date à la tache, d'après son aspect même.

(*j*) Ici *Kouthi* a un sens restreint et doit s'appliquer aux Samaritains.

Par exemple si la tache paraît très foncée et comme ayant pénétré dans l'étoffe, on admet qu'elle est antérieure au blanchissage, et que celui-ci n'a fait que l'imprimer davantage dans le tissu ; si, au contraire, la tache paraît superficielle, on admet qu'elle s'est formée après le blanchissage. Quand on ne sait pas reconnaître, d'après l'aspect de la tache, si elle existait ou non avant le lavage, il faut se montrer sévère, et la femme doit se purifier.

Art. 47. — Lorsqu'une femme met un vêtement après l'avoir inspecté et n'y avoir rien trouvé, qu'elle le lave ensuite après l'avoir quitté, et le prête, puis qu'on trouve une tache après que l'emprunteuse l'a rapporté, il faut considérer deux cas :

1º La tache est superficielle et semble récente ; on l'attribue alors à l'emprunteuse, qui devra se purifier, tandis que la propriétaire du vêtement n'a à s'inquiéter de rien.

2º La tache semble foncée et bien profonde dans le tissu ; alors on admet qu'elle date d'avant le lavage, et c'est la propriétaire du vêtement qui devra se purifier.

Art. 48. — Lorsque deux femmes portent un même vêtement à tour de rôle et que l'on trouve

une tache sur ce vêtement, elles doivent se purifier toutes les deux, si la tache est au-dessous de
la ceinture ; elles sont pures toutes les deux, si la
tache est au-dessus de la ceinture. Quand l'une
des deux femmes est beaucoup plus grande que
l'autre, si la tache se trouve au-dessous de la
ceinture pour la plus grande elle l'est forcé-
·ment aussi pour la plus petite, et il leur faut
se purifier toutes les deux ; mais si la tache
se trouve au-dessous de la ceinture pour la plus
petite et au-dessus de la ceinture pour la plus
grande, la plus petite seule des deux femmes doit
se purifier. Il ne s'agit ici que d'un vêtement qui a
été porté ; mais si ce vêtement a servi de couverture, les deux femmes doivent se purifier ; si l'une
d'elle seulement s'est couverte avec le vêtement,
c'est elle seule qui a à se purifier.

ART. 49. — Trois femmes ont porté un même
vêtement et successivement elles se sont assises
sur un même banc, fait d'une matière qui absorbe
les impuretés (*k*) : si ensuite une tache est trouvée

____

(*k*) Il s'agit ici d'un banc de bois qui absorbe les impuretés, et chacune de ces femmes est devenue impure pour
avoir touché à ce banc. Si le banc avait été d'une pierre
n'absorbant pas les impuretés, on aurait attribué la tache
à celle des femmes qui était le plus susceptible de l'avoir

sur ce vêtement, elles doivent se purifier toutes les trois. Il s'agit ici de trois femmes aussi susceptibles de menstruation les unes que les autres ; mais, si parmi ces trois femmes, l'une est moins sujette à présenter une tache que les deux autres, par exemple si elle est âgée ou si elle allaite un enfant ou est enceinte, on la met hors de cause.

ART. 50. — Si trois femmes dorment enlacées, de façon que leurs pieds s'entremêlent, et si l'on trouve une tache sur leur couche, elles doivent se purifier toutes les trois. Si elles dorment sans être enlacées, elles doivent cependant se purifier toutes, si une tache est découverte sous la femme qui couche au milieu des deux autres. Si l'on trouve une tache dans l'espace entre la première et la seconde femme, elles sont impures toutes deux, mais la troisième femme est pure. Si une tache est découverte dans l'espace entre la seconde femme et la troisième, la première femme est pure et les deux autres doivent se purifier. On

____

faite et celle-là seule aurait eu à se purifier. Dans la seconde partie de l'art. 49, il doit être question d'un banc de pierre ou de fer, sans quoi les trois femmes seraient encore devenues impures d'après la règle : Tout ce qui touche à un objet impur devient impur également (V. Michenah, traité Niddah, p. 59 b).

suppose qu'elles sont montées dans le lit par le côté habituel ; mais si elles sont montées par la ruelle elles doivent se purifier toutes les trois, même si la tache a été découverte près de la troisième, près de celle qui est vers la ruelle ; on peut penser en effet que la goutte de sang a pu venir de l'une des deux premières, au moment où elles passaient pour se coucher. Il ne s'agit ici que d'une tache trouvée sur le drap de dessous. Lorsque la tache est sur le drap de dessus, qui est mobile, elles doivent toujours se purifier toutes les trois, quelle que soit la place de la tache.

ART. 51. — Les prescriptions de l'art. 50 sont valables dans le cas où les trois femmes ne se sont pas inspectées avant d'aller se coucher, ou bien se sont inspectées et se sont trouvées pures toutes les trois. Mais si l'une d'elle ou deux d'entre elles se sont inspectées en se levant et se sont trouvées pures, on attribue la tache aux deux autres ou à la troisième ; mais si ces deux autres ou cette troisième se sont également inspectées et se sont trouvées pures, nous revenons au premier cas de l'art. 50, c'est-à-dire que les trois femmes doivent se purifier. Si l'une d'elles s'est inspectée et s'est trouvée indisposée, celle-là est considérée comme impure

et celles qui ne se sont pas inspectées sont pures.
Quand deux s'inspectent et voient qu'elles sont au
moment de leurs époques, la troisième est pure ;
on attribue la tache à celles qui se sont inspectées
et ont vu qu'elles avaient leurs époques, afin de
ne pas inquiéter inutilement celle qui ne s'est pas
inspectée. Lorsque nous disons que, parmi les trois
femmes, celles qui se sont inspectées et se sont
trouvées pures restent pures, il est bien entendu
que l'inspection a été faite immédiatement après
la découverte de la tache ; si les femmes attendent
un peu, leur inspection n'a plus de valeur et elles
doivent se purifier toutes les trois.

ART. 52. — Les prescriptions précédentes s'ap-
pliquent à des femmes qui reposent côte à côte et
qui sont également aptes à avoir leurs époques.
Mais si l'une d'elles est âgée, par exemple, et n'a
pas été indisposée trois mois de suite, la tache ne
peut lui être attribuée, et elle n'a pas à se purifier ;
il en est de même lorsque l'une des deux femmes
est dans un état visible de grossesse ; on ne lui attribue pas la tache non plus ; de même pour la
jeune fille non encore nubile ou pour la femme qui
allaite son enfant ; la tache est dans ces trois cas

attribuée à celle des deux femmes qui a régulièrement ses époques. De même qu'on n'attribue pas la tache à celle des deux femmes qui ne peut avoir ses époques, de même, lorsqu'une femme trouve une tache sur un vêtement qu'elle porte étant enceinte, mais qu'elle a porté aussi avant d'être en cet état, on dit que la tache est antérieure à la grossesse. Même règle pour la femme âgée, ou la femme allaitant son enfant, qui met un vêtement qu'elle portait au temps où elle avait des époques. Mais si les deux femmes sont dans une situation à ne pas avoir d'époques, par exemple sont âgées toutes deux, ou allaitent leurs enfants, ou sont l'une âgée et l'autre allaitant son enfant, et si, ayant reposé ensemble, il s'est trouvé une tache sur leur couche, cette tache n'étant pas plus imputable à l'une qu'à l'autre, elles doivent se purifier toutes les deux. Lorsque trois femmes sont l'une à côté de l'autre sur un lit ou sur un banc, mais sans vêtements pouvant s'envoler et se déplacer, et que l'on trouve une tache sous l'une d'elles, même sous la femme du milieu, si les deux autres femmes peuvent affirmer qu'elles n'ontpas bougé de leur place respective, ces femmes restent pures. Si la tache est entre deux des femmes, ces deux femmes doivent se purifier, et non la troisième. Si elles ont passé l'une après l'autre, pour se coucher ou pour s'asseoir, par la ruelle du lit ou par le bout du banc, et que l'on trouve la tache sous la troisième femme, elles sont considérées comme impures toutes les trois. (Voir plus haut). Si elles ont passé comme on vient de le dire, et si la tache trouvée est sous la personne du milieu, la deuxième et la première sont impures ; mais la troisième, qui n'a pas eu à passer par le milieu, est pure. Si enfin la tache est sous la première personne, les deux autres, celle du milieu et la troisième sont également pures. Si les trois femmes se sont livrées à un travail, ont moulu par exemple, et si l'on trouve une tache sous la deuxième, la première et la deuxième sont impures, parce que la première, dans un mouvement de son travail, a pu s'approcher de la place de la deuxième. Si la tache est trouvée sous la troisième personne, cette personne est seule impure ; elle peut, en effet, pousser la deuxième, mais la deuxième, dans le mouvement dû au travail, ne vient pas vers la troisième.

Art. 53. — Il ne s'agit dans l'art. 52 que du cas où aucune des trois femmes ne s'est livrée à un travail où elle aurait pu se tacher ; sinon on attribue la tache remarquée au travail exécuté par l'une d'elles et elles sont pures toutes les trois.

ART. 54. — Une tache trouvée comme il a été vu précédemment ne doit pas être considérée comme fixant une date de menstruation, et n'oblige à aucune précaution à la même époque pour le mois suivant. Ces taches, on l'a vu également, n'entraînent pas toujours la nécessité de la purification. Cependant la tache qui est trouvée sur le linge d'inspection demande toujours purification et exige qu'on prenne les précautions le mois suivant à la même date.

§ CXCI

Loi relative au sang trouvé par une femme dans ses urines.

(Ce paragraphe contient 1 article.)

ARTICLE 1er. — Lorsqu'une femme trouve du sang dans les urines, elle n'a pas à se purifier, qu'elle ait été assise ou debout pendant la miction. Il en est de même si elle a ressenti une douleur ou a été en transpiration à ce moment ; le trouble organique et la présence du sang ne sont pas attribués à la menstruation, mais à une maladie des reins ou à une blessure de l'urètre.

Glose : D'aucuns disent que le sang provient d'une lésion des reins ou de l'urètre, lorsque la femme urine assise ; si elle a uriné debout, ils admettent que le sang n'est pas d'origine menstruelle, lorsque l'opération s'est faite très rapidement et que le sang se trouve dans le vase avec l'urine ; mais si, dans ce cas (debout), la miction est lente et si le sang est près du vase, ces docteurs présument que le sang est de source menstruelle ; car, dans la miction lente, l'urine a le temps de revenir dans le canal menstruel. D'autres déclarent que, dans le cas où la femme est assise pour uriner, on n'attribue pas le sang à la menstruation, si l'opération se fait très vite et si le sang se trouve dans le milieu du vase ; mais que si l'opération se fait lentement et si le sang est à côté du vase, on doit donner au sang une origine menstruelle ; ces mêmes docteurs attribuent toujours à la menstruation le sang trouvé dans les urines, lorsque la miction a lieu debout. Beaucoup de commentateurs sont aussi de cet avis. Il ne s'agit ici que du sang remarqué dans un vase qui sert exclusivement à une femme ; lorsque d'autres qu'elle font usage du même vase, elle est toujours réputée pure. L'article et la glose doivent être suivis dans toute leur rigueur, lorsque la femme trouve du sang une fois par hasard dans ses urines ; mais si elle en trouve toujours et éprouve une souffrance à chaque miction, on attribue le sang à une maladie des reins ou de la vessie ; la douleur éprou-

vée est un indice que les reins sont en mauvais
état. Certains docteurs se montrent plus sévères, et veulent que la femme s'inspecte avec le
linge avant d'uriner ; si par trois fois le linge
est sorti immaculé, et si elle a cependant trouvé
du sang dans l'urine, il est évident que ce sang
n'est pas de source menstruelle, et elle n'a plus
à s'inspecter ultérieurement. Lorsqu'elle ne ressent aucune douleur en urinant, qu'elle s'inspecte ensuite, et trouve une tache sur le linge et
pas de sang dans l'urine, elle doit naturellement
se purifier. Mais si elle trouve du sang dans l'urine
et sur le linge, certains docteurs exigent la purification ; d'autres déclarent que le sang qui a taché
le linge n'est pas de source menstruelle, mais qu'il
fait partie de celui qui est dans l'urine et provient
des reins. Il faut se montrer circonspect lorsqu'on
trouve du sang sur le linge d'inspection ; la femme
n'a pas besoin de s'inspecter parce qu'elle a trouvé
du sang dans son urine, même lorsqu'elle remarque
de ce sang très souvent ; si elle s'est inspectée
trois fois, et n'a rien trouvé sur le linge, elle ne
doit plus s'inspecter du tout. Si elle a trouvé du
sang dans son urine à certaines dates du mois seulement, on attribue ce sang à la menstruation et
ces dates sont prises comme époques. Si, en faisant
son inspection, elle voit, sur le sang du linge, des
granulations ressemblant à du sable, des rugosités ou des fibres, et que les mêmes gravelles ou
fibres soient visibles dans le sang de l'urine, on ne

dit plus que le sang du linge vient de la menstruation, mais on le considère comme étant le même
que celui de l'urine et comme provenant d'une
maladie du système urinaire.

§ CXCII

Lois concernant la jeune fille qui doit se marier.
(Ce paragraphe contient 5 articles.)

ARTICLE 1ᵉʳ. — Lorsqu'une jeune fille demandée
en mariage accepte cette demande, elle doit attendre sept jours, entre le moment où elle a ac-
cepté et celui de la célébration du mariage ; le jour
de la demande ne compte pas dans les sept jours.
Il lui faut compter ces sept jours même si elle ne
se sent pas indisposée, car l'émotion a pu faire
venir une tache sans qu'elle s'en aperçoive ; elle
doit en outre s'inspecter durant ce laps de
temps (a).

GLOSE : Lorsque la jeune fille ne s'est inspectée
qu'une fois durant les sept jours, il n'y a pas à s'inquiéter du fait accompli ; mais elle ne doit pas né-
gliger ces inspections de propos délibéré.

ART. 2. — La fiancée compte les sept jours à

(a) La jeune fille doit se purifier le 7ᵉ jour, veille de la
célébration du mariage.

partir du moment où elle a décidé de se marier, et où elle commence les préparatifs pour son changement de vie, que le jeune homme ait on non prononcé les paroles sacramentelles qui l'attachent à la jeune fille (*b*).

GLOSE : Il ne faut pas que la célébration du mariage se fasse longtemps après les ablutions purificatrices. Il est d'usage que le jeune fille se purifie le mercredi et qu'elle devienne épouse le samedi soir. Il ne faut pas attendre plus longtemps pour la célébration. Cependant si le mariage n'a pu être consommé à la clôture du samedi, la jeune épouse doit s'inspecter à nouveau. Le mari doit, avant le début de la vie intime, demander à sa femme si elle a observé la loi posée par l'article 1er.

ART. 3. — Lorsque, pour une raison quelconque, le mariage est reculé, les sept jours d'inspection ne comptent plus, et la jeune fille doit recommencer à s'inspecter durant le même laps de temps, à partir du moment où la nouvelle date a été fixée.

GLOSE : Les sept jours d'avant le recul du ma-

(*b*) En présence du Rabbin et de deux témoins, le jeune homme en passant l'anneau au doigt de la jeune fille, prononce les paroles suivantes : « Dès cet instant, tu m'ap-« partiens avec cette bague, d'après la loi de Moïse et « d'Isralë ».

riage ne comptent pas, même si la fiancée s'est inspectée tous les jours.

ART. 4. — Quand le mariage est célébré avant la fin des sept jours, les jeunes mariés n'ont pas le droit, jusqu'à l'écoulement du temps réglementaire, de se trouver ensemble dans la même pièce ; la jeune mariée doit coucher dans une chambre avec quelqu'un de son sexe ; le marié fait de même. Il en est également ainsi lorsque, le mariage ayant été célébré après le temps voulu, la jeune épouse se trouve indisposée le jour de son mariage.

GLOSE : D'aucuns disent : lorsque la jeune femme n'a rien ressenti au moment de la cérémonie et qu'elle se trouve indisposée après, elle ne doit pas demeurer auprès de son mari ; mais ni l'un ni l'autre n'ont besoin, dans leur chambre respective, de se trouver avec une personne de leur sexe. Cependant le ciel bénit les époux qui se montrent sévères sur ce principe. Il n'est pas fait de distinction entre les époux, selon qu'ils étaient célibataires, veufs ou divorcés avant de s'unir. D'autres disent : lorsque le cas précité se présente, les nouveaux mariés ne doivent pas plus se trouver ensemble le jour que la nuit ; ils peuvent rester seuls, chacun dans sa chambre ; ils ont le droit d'être réunis dans une pièce, où sont des hommes et des femmes. D'autres encore déclarent que, dans ce cas, chacun des époux doit demeurer la nuit avec une personne de son sexe, qui le garde, mais que le jour les époux ont le droit d'occuper seuls une même pièce. Cependant il est d'usage que, même le jour, les époux évitent de rester seul à seul et gardent un enfant avec eux.

ART. 5. — Quand, après avoir divorcé, deux anciens époux se remarient, la femme doit compter les sept jours comme la jeune fille (v. article 1er).

§ CXCIII

Loi relative au sang de la virginité.

(Ce paragraphe contient 1 article.)

ART. 1er. — Les époux doivent se séparer aussitôt après le début de la vie intime, même si la jeune femme n'a trouvé aucune tache et si elle n'avait pas encore ses époques avant de se marier. L'épouse doit, à partir de ce moment, compter cinq jours, tout comme dans le cas de menstruation, puis sept jours pendant lesquels elle s'inspecte. La seule différence faite entre la jeune mariée et la femme mariée est que l'époux a le droit de coucher sur les draps de la première, quand celle-ci a quitté le lit conjugal, tandis qu'il ne le peut pas avec la seconde.

Glose : Certains disent qu'on peut se montrer moins sévère, lorsqu'il s'agit d'une jeune femme qui n'avait pas encore eu ses époques, et d'autres qu'il vaut mieux être très strict.

§ CXCIV

Lois relatives aux accouchements et aux avortements.

(Ce paragraphe contient 14 articles.)

Article 1er. — Lorsqu'une femme a eu un enfant viable ou mort-né, ou a fait une fausse couche, elle doit se purifier. Il lui faut compter, après la naissance d'un enfant mâle, sept jours plus sept, et après la naissance d'une fille, quatorze jours plus sept ; mais si la femme n'a pas vu de sang dans les sept jours après la naissance d'un garçon ou dans les quatorze jours après la naissance d'une fille, elle n'a pas besoin de compter les sept jours supplémentaires.

Elle se livrera à ses ablutions purificatrices le lendemain des quatorze jours (a).

(a) D'après la loi mosaïque (*Lévitique*, XII, 1, 7), lorsqu'une femme a accouché d'un enfant mâle, la vie conjugale doit cesser pendant 7 jours ; la femme peut se purifier après ces 7 jours, à condition qu'elle ne trouve plus de tache sur elle ; sinon elle devra attendre 7 autres jours avant de se

Glose : Quand, après les sept jours (c'est-à-dire quarante en comptant les trente-trois jours préliminaires après la naissance d'un garçon), et après les quatorze jours (c'est-à-dire quatre-vingt en comptant les soixante-six jours depuis la naissance d'une fille), l'accouchée ne voit plus aucune tache, elle peut se livrer à la purification. En certains pays, il est d'usage que la femme attende sept jours de plus pour se purifier, après les quarante jours depuis la naissance d'un garçon ou les quatre-vingts depuis la naissance d'une fille ; il faut alors conserver cette coutume ; mais là où cet usage n'existe pas, il ne faut l'établir sous aucun prétexte, et immédiatement après les quarante jours, ou les quatre-vingts jours, l'accouchée se purifie, à moins qu'elle n'ait

---

purifier. De plus, pendant 33 jours, elle ne doit toucher à aucun objet sacré, ni entrer dans le sanctuaire. Ces 33 jours sont comptés à la suite des 7 jours et n'ont rien à voir avec la reprise de la vie conjugale. S'il s'agit d'une fille, il faut compter 14 jours jusqu'au bain de purification et 66 jours après ce bain, au lieu des 7 jours et 33 jours prescrits dans le cas de l'enfant mâle.

Le *Talmud* est allé plus loin, en interdisant la reprise de la vie conjugale pendant les 33 jours ou les 66 jours dont il vient d'être question. Pourquoi cela ? Je pense qu'il aura attribué la défense mosaïque à la crainte que la femme, encore faible, ne pût trouver une tache sur elle durant ces 40 ou ces 80 jours, et alors, il a tout naturellement étendu à la reprise de la vie conjugale la défense mosaïque de toucher à aucun objet sacré pendant cette période. Cette loi *traditionnelle* est aussi une protection pour la santé de la femme.

vu une tache, auquel cas elle compte forcément
encore sept jours avant la purification.

ART. 2. — Lorsqu'une fausse couche a eu lieu
dans les quarante premiers jours de la conception,
l'avortement est considéré comme une menstruation, et non comme un accouchement.

GLOSE : Cette fausse couche est considérée
comme une menstruation, car il est impossible que
la matrice s'ouvre sans laisser échapper du sang.

ART. 3. — Quand le produit de la fausse couche
présente l'aspect d'une sorte de bête, de volatile,
de poisson, de sauterelle, d'insecte ou de rep-
tile, ou quand la fausse couche consiste dans
l'arrière-faix, ou bien quand elle forme une masse
contenant une matière dure comme une arête, on
considère la fausse couche comme un fœtus, et la
femme doit se purifier comme après des couches
normales. Voir art. 1 (1).

ART. 4. — Quand, après la naissance d'un enfant, sort l'arrière-faix, on n'admet pas que le placenta puisse contenir un fœtus, si l'arrière-faix
sort aussitôt après, ou moins de 23 jours après l'ac-

____

(1) Lorsqu'on ignore le sexe du fœtus, il faut compter,
pour la purification, le même nombre de jours qu'après la
naissance d'une fille (V. Chabti Cohen, 3).

couchement. Mais lorsqu'après une fausse couche
le placenta suit, on craint que l'arrière-faix ne
contienne lui aussi un fœtus, et comme on ne peut
connaître le sexe de ce fœtus on lui attribue le sexe
féminin, et l'accouchée doit se purifier en comptant les jours comme après la naissance d'une
fille.

ART. 5. — Quand, l'arrière-faix étant sorti le
premier, l'enfant vient ensuite, même viable, cet
enfant n'est pas considéré comme appartenant au
placenta déjà évacué, et, dans la crainte que l'arrière-faix n'ait contenu un fœtus féminin, l'accouchée devra compter les jours pour la purification comme après la naissance d'une fille.

ART. 6. — Lorsqu'une partie du placenta est
sortie un jour et le reste le lendemain, comme on
ignore quelle partie du placenta pouvait renfer-
mer le fœtus, l'accouchée doit compter ses jours à
partir de la deuxième évacuation.

ART. 7. — Quand le produit d'une fausse couche présente l'aspect d'un animal ou d'un volatile
et qu'il reste attaché au placenta, on admet que
l'arrière-faix a contenu le produit de cette fausse-
couche ; mais dans le cas où le fœtus et l'arrière-

faix sont séparés, on craint que le placenta ne contienne un autre fœtus et, même si la fausse couche paraît être du sexe masculin, l'accouchée, à cause du placenta, comptera ses jours comme pour une fille.

ART. 8. — Après l'accouchement d'un hermaphrodite, la mère compte les jours, qui la séparent de la purification, comme s'il lui était né une fille.

ART. 9. — Quand une femme a senti qu'elle perdait une certaine matière, même au cas où elle ne se savait pas enceinte, elle doit considérer le phénomène comme une fausse couche du sexe féminin et compter les jours pour la purification en conséquence.

ART. 10. — Quand, dans un accouchement avec les fers, l'enfant a été démembré par le médecin, il n'importe, pour le compte des jours, que les membres sortent dans l'ordre naturel ou non. On prend comme date de l'accouchement le moment où une partie de l'enfant a été évacuée ; la sortie du front est considérée comme celle de la tête entière ; même si aucune partie de la tête n'est encore sortie, on compte les jours pour la purification, à partir du moment où les premières parties de l'enfant sont venues.

ART. 11. — Lorsque l'enfant a sorti une main, puis l'a rentrée, on considère le moment où la main a été vue comme un accouchement et la femme doit cesser la vie intime à partir de ce moment (2).

ART. 12. — Quand, dans un accouchement difficile, la mère entend un vagissement, on considère cet instant comme étant celui de l'accouchement ; elle n'aurait pu en effet entendre un cri, si le nouveau-né n'avait sorti sa tête du sein maternel.

ART. 13. — Si une femme met au monde deux jumeaux, l'un avant, et l'autre après le coucher du soleil, elle compte ses jours pour la purification à partir du second accouchement ; quand le premier enfant est un garçon et le deuxième une fille, ou bien quand l'un est un garçon et qu'on ne peut attribuer de sexe au second être, la mère compte ses jours comme pour la naissance d'une fille, à partir du moment où le second être est sorti.

ART. 14. — Lorsqu'une femme étant enceinte, le

---

(2) Mais la femme ne doit commencer à compter les jours de la purification qu'après la naissance de l'enfant.

médecin est obligé de l'opérer en lui ouvrant le ventre et d'enlever le fœtus, on ne considère pas cette opération comme un accouchement, et l'opérée n'a pas à se purifier.

§ CXCV

Conduite à suivre
par une femme à l'époque de la menstruation.

(Ce paragraphe contient 17 articles.)

ARTICLE 1er — Le mari doit se séparer de sa femme et ne pas plaisanter avec elle, au moment de la menstruation, et jusqu'au jour de la purification, de peur qu'un rapprochement trop grand ne leur fasse transgresser la loi ; cependant, ils peuvent rester dans la même chambre ; n'étant pas des nouveaux mariés, on ne craint pas que la passion leur fasse commettre un acte interdit.

GLOSE : Le moment des époques passé, tant que l'immersion n'est pas faite, la femme doit se considérer comme étant encore impure.

ART. 2. — Il est interdit au mari d'effleurer sa femme, même avec le petit doigt ; il ne doit rien lui donner de sa main, ni rien prendre de sa main à elle, de crainte de la toucher.

GLOSE : Non seulement il est interdit au mari de tendre un objet à sa femme, mais même de le lui jeter.

ART. 3. — Le mari et la femme ne doivent pas manger à la même table, à moins qu'il n'y ait quelque chose de changé durant le repas, les époux mettant, par exemple, une cruche ou un pain entre eux, ou bien mangeant sur deux nappes distinctes.

GLOSE : Les époux doivent se soumettre au changement dont il s'agit au moment de la menstruation de la femme, lorsqu'en temps ordinaire ils mangent dans des assiettes distinctes. Mais s'ils ne mangent pas ainsi d'habitude, il suffit, au moment des époques, qu'ils aient chacun son assiette. D'aucuns disent que le mari ne doit pas manger un reste laissé par sa femme.

ART. 4. — Le mari ne doit pas boire ce qui reste dans la coupe de sa femme.

GLOSE : Quand il se trouve un tiers avec les époux, et que ce tiers a le premier bu dans la coupe de la femme, le mari peut absorber ce qui reste. Il peut aussi boire ce qui reste, quand le tiers a versé le contenu de la coupe de la femme dans une autre coupe, puis l'a reversé dans la première. Quand le mari boit, sans le savoir, d'une coupe où sa femme s'est déjà désaltérée, celle-ci n'a pas besoin de l'avertir, et la femme peut boire après son mari.

Certains disent : quand la femme, après avoir bu dans une coupe, s'en va, le mari, même le sachant, peut vider cette coupe ; car sa femme étant absente, on ne craint pas que le désir s'éveille en lui.

ART. 5. — Le mari ne doit pas s'asseoir sur le lit de sa femme, même si elle est absente.

GLOSE : Le mari ne doit pas s'asseoir à côté de sa femme sur un banc, même lorsque ce banc est long, s'il n'est pas fixe ; d'aucuns permettent aux époux de s'asseoir sur un banc mobile, s'ils se trouvent en la société d'un tiers. Il leur est de même défendu de prendre ensemble une voiture ou un bateau pour un voyage d'agrément ; mais ils peuvent se servir de ces moyens de locomotion, même s'ils sont seul à seul, quand il s'agit d'un voyage nécessaire ; cependant, ils doivent alors s'installer de manière à ne pas se frôler.

ART. 6. — Il est interdit aux époux de coucher dans le même lit, lors même qu'ils portent des chemises de nuit empêchant tout contact entre leurs corps.

GLOSE : Ils ne doivent pas coucher dans le même lit, même sur des matelas séparés ; il n'est pas permis non plus de coucher dans des lits jumeaux qui se touchent.

ART. 7. — Le mari ne doit pas jeter un regard

sur les talons de sa femme, ni fixer ses yeux sur les parties couvertes du corps de celle-ci.

GLOSE : Il lui est cependant permis de regarder les parties de la personne restées à découvert, telles que le visage, bien qu'il éprouve du plaisir à le faire.

ART. 8. — La femme doit avoir des vêtements spéciaux pour le temps de ses époques, afin que son mari et elle pensent qu'il y a quelque chose de changé pour eux.

ART. 9. — Dans certains pays, on permet que la femme, au temps de la menstruation, prenne soin de sa toilette, afin de n'être pas un objet de dégoût pour son mari (a).

ART. 10. — La femme, au moment des époques, peut se livrer à tous les travaux d'intérieur qui l'occupent en temps ordinaire ; mais elle ne doit pas verser de vin dans la coupe de son mari, ni mettre la table en sa présence, à moins qu'elle n'introduise dans ce détail de ménage un léger changement, qu'elle place, par exemple, les différents objets en se servant de sa main gauche ou d'un plateau qui les supporte.

(a) Mais on exige que la femme évite, par sa coquetterie, d'attirer son mari en un moment où il doit s'éloigner d'elle.

Art. 11. — La femme peut, en présence de son mari, placer sur le lit qu'elle lui prépare les oreillers et les coussins de façon très ordinaire; mais elle ne doit pas lui disposer, sous ses yeux, un lit trop confortable, car elle lui donnerait de cette manière une preuve d'amour ; elle peut le faire en l'absence de son époux, bien que celui-ci sache qu'il doit à sa femme un lit si soigneusement préparé.

Art. 12. — La femme ne doit pas préparer pour son mari, et en sa présence, un bain, même froid.

Art. 13. — De même que la femme ne doit pas, en présence de son mari, lui verser à boire, le mari ne doit pas, non plus, remplir la coupe de sa femme, même dans le cas où il veut la lui faire présenter par un tiers ; ceci en supposant que la femme boive dans une certaine coupe qui lui est propre ; le mari ne peut alors lui offrir dans cette coupe ni vin quelconque, ni vin provenant d'une bénédiction ; mais quand les deux époux boivent habituellement dans une même coupe, on ne considère pas comme un fait grave l'acte du mari qui, après avoir bu dans la coupe, la tend à sa femme.

Art. 14. — Toutes les lois relatives à l'arrêt de

l'intimité entre le mari et la femme, au moment de la menstruation, sont en vigueur pendant les cinq jours des époques, aussi bien que pendant les sept jours qui précèdent l'immersion, et ces lois doivent toujours être observées strictement, qu'il s'agisse d'une tache ou de la menstruation véritable.

GLOSE : D'aucuns permettent un peu plus d'indulgence, en ce qui concerne les lois relatives aux repas, pendant les sept jours qui précèdent l'immersion, ce qui d'ailleurs est devenu un usage ; d'autres n'admettent aucune indulgence.

ART. 15. — Quand le mari est souffrant et n'a personne d'autre pour le soigner que sa femme, celle-ci peut s'occuper de lui ; mais elle ne doit lui laver ni la figure, ni les mains, ni les pieds, ni faire le lit de son mari devant lui.

ART. 16. — Quand une femme est malade au moment de ses époques, son mari ne doit pas la transporter, la lever, la coucher, ni la soutenir.

GLOSE : D'aucuns disent : lorsque la femme n'a personne d'autre autour d'elle que son mari, celui-ci a le droit de lui prodiguer tous les soins nécessaires ; ceci est d'ailleurs l'usage.

ART. 17. — Quand la femme d'un médecin a ses époques, son mari ne doit pas lui tâter le pouls.

GLOSE : Puisqu'il a été admis que le mari soigne sa femme souffrante, au moment de ses époques, il est d'autant plus juste que ce mari la soigne s'il est médecin. (V. Orah Haïm, § 88 : une femme, au moment de ses époques, peut-elle entrer dans la Synagogue ?)

§ CXCVI

Lois concernant les inspections et les vêtements d'une femme pendant les sept jours précédant l'immersion.

(Ce paragraphe contient 13 articles.)

ARTICLE 1er. — Les sept jours que la femme doit compter après l'arrêt de ses règles commenceront le lendemain du jour où elle n'est plus indisposée. Vers le soleil couchant du jour où la menstruation s'est arrêtée, que ce soit deux, trois, ou quatre jours après le commencement des époques, la femme doit s'inspecter, laisser le linge en place durant tout le temps du coucher du soleil ; si elle ne trouve rien, elle commencera à compter ses jours le lendemain.

GLOSE : Telle est la règle à suivre de propos délibéré. D'aucuns disent : lorsque la femme a omis de s'inspecter vers le soleil couchant, le jour où ses règles se sont arrêtées, et ne le fait que le lende-

main matin, elle peut compter ses sept jours à partir de cette matinée, car il s'agit d'un fait accompli.

Il est du devoir du mari de demander à sa femme
qu'elle s'inspecte comme il a été dit au début de
cet article, et qu'elle serre fortement le linge d'inspection contre la place à inspecter.

Glose : Quand dans une communauté on a fait
la prière du soir durant le jour, et non au coucher
du soleil (a), la femme ne peut s'inspecter au coucher du soleil, après la prière du soir, et commencer
à compter ses sept jours le lendemain ; cependant
on admet le cas du fait accompli. Certaines femmes,
s'étant inspectées au soleil couchant, n'ont rien
remarqué sur leur linge d'inspection ; puis elles
découvrent, une heure après, une tache sur leur
linge intime ; ces femmes peuvent considérer leur
inspection comme valable et compter leurs sept
jours à partir du lendemain.

Art. 2. — Quand une femme n'a eu ses règles
que durant un jour, elle doit s'inspecter le soir du
jour où elle ne les a plus, de la manière indiquée

____

(a) Chaque personne, de même que chaque communauté,
peut fixer, si elle le veut, une heure pour une prière. Il y a
cependant une heure bien déterminée pour la lecture du
שמע (Chema) matin et soir ; mais le Chema est une *ins-
truction morale* et un sujet de méditation plutôt qu'une
prière proprement dite, si on réserve le nom de prière aux
actions de grâce et aux supplications qui sortent du cœur
de l'homme.

dans l'art. 1, et elle peut compter ses sept jours à
partir du lendemain de l'inspection.

GLOSE : Quand, s'étant inspectée au coucher du
soleil, la femme n'a pas laissé le linge d'inspection
en place durant tout le temps où le soleil se couche,
son inspection est valable en cas de fait accompli.
Mais si, après n'avoir eu ses règles qu'un jour, elle
omet de s'inspecter au soleil couchant, et le fait le
lendemain matin, elle doit, quand bien même elle
ne trouverait aucune tache, attendre au lendemain
pour compter ses sept jours, parce que la menstruation n'a duré qu'un jour.

ART. 3. — Quand, s'étant inspectée comme il a
été dit, la femme ne remarque aucune tache, elle
doit changer de linge et de vêtements, non sans
avoir également inspecté ces derniers ; elle doit
changer les draps de son lit, et compter ses sept
jours à partir du lendemain.

GLOSE : Il faut qu'après son inspection la femme
prenne un bain complet avant de changer d'habillement ; si elle a seulement lavé les parties de
son corps qui pouvaient être souillées par la menstruation, cela suffit (b). En cas de force majeure,

____

(b) Bien entendu, cette ablution préparatoire exigée par
l'hygiène et la propreté n'exclut pas l'immersion si strictement commandée après les 7 jours des époques, et dont il
a été parlé dans les paragraphes précédents sous le nom de
purification.

quand la femme se trouve en voyage par exemple, et qu'elle n'a pas de vêtements de rechange, elle doit, après son inspection, voir si les vêtements qu'elle porte ne présentent aucune tache, et dans le cas de l'affirmative, elle peut les remettre et compter ses sept jours à partir du lendemain.

Art. 4. — Durant les sept jours, la femme doit s'inspecter deux fois par jour, le matin et au soleil couchant ; si elle ne s'est inspectée que deux fois, le premier jour et le septième, ou bien un jour quelconque entre le premier et le dernier, et aussi le dernier jour, cela suffit. Mais si elle ne s'est inspectée que le dernier jour, quand bien même elle serait pure, elle ne peut considérer cette inspection comme suffisante, et ce jour ne compte que pour un ; elle doit, par conséquent, compter six autres jours ; pour ce cas, on doit appliquer la loi dans sa rigueur et n'admettre aucune atténuation.

Glose : La femme doit regarder son linge d'inspection à la lumière du soleil, et non à la lumière d'une lampe ; cependant, en cas de fait accompli, s'il n'a été trouvé aucune tache en regardant à la lumière d'une lampe, l'inspection est valable.

Art. 5. — Quand, s'étant inspectée le soir du jour où les époques ont pris fin, la femme trouve une tache et que, s'étant inspectée trois jours plus tard, son linge est resté pur, cet intervalle de plusieurs jours n'entre pas en ligne de compte pour les sept jours, et il lui faut commencer à compter ses sept jours le lendemain. Ces sept jours en effet ne doivent être comptés que du lendemain du jour où la femme se sait parfaitement pure.

Art. 6. — L'inspection faite le soir du jour où les époques se sont arrêtées, de même que les inspections des sept jours qui suivent, doivent être extrêmement sévères et minutieuses, faites avec un linge usagé et partant plus doux, très blanc, en lin ou en coton, ou avec un peu d'ouate. Il ne faut pas se contenter de passer simplement le linge. Les femmes chez lesquelles ces inspections causent une grande fatigue doivent quand même être très minutieuses pour la première inspection du soir et pour celle du septième jour ; les inspections intermédiaires peuvent être plus superficielles.

Glose : Quand, pour raison de santé, une femme n'a pu être minutieuse dans sa première inspection, elle doit l'être dans l'une de celles qui suivent durant les sept jours ; si, pour la même raison, elle n'a pas pu faire une seule inspection minutieuse, celles qu'elle a faites aussi bien que le lui permettait son état de santé sont valables.

ART. 7. — Quand une femme est aveugle, elle doit faire son inspection, et faire examiner le linge par une autre.

ART. 8. — Une femme qui entend, mais qui est muette, ou une femme qui parle, mais qui est sourde, est considérée comme normale quant à la menstruation. Une sourde-muette, de même que celle dont les facultés mentales ne sont pas en équilibre, doit être inspectée par une autre femme ; cette dernière, si elle a pu déterminer une date pour les époques, doit faire suivre à la personne anormale les pratiques exigées de toute autre femme ; s'il ne lui a pas été possible de déterminer une date pour les époques, elle doit inspecter la personne tous les mois. Bien entendu, cette femme doit également faire l'inspection le soir du jour où la femme anormale n'a plus ses époques, de même que les inspections des sept jours suivants.

ART. 9. — Une femme qui s'inspecte régulièrement tous les jours, même pendant qu'elle est pure, est digne de tous les respects.

ART. 10. — Pour que la période des sept jours suivant la fin des époques soit valable, il faut qu'il n'ait pas été trouvé une seule fois de tache pendant cette période. Si une tache a été remarquée, il faut recommencer à compter les sept jours à partir du lendemain du jour où la tache a été aperçue ; on agit ainsi, même si la tache a été vue le septième jour seulement.

GLOSE : Certains disent : quand une tache a été relevée pendant les trois premiers jours qui suivent l'époque, il faut recommencer à compter les sept jours le lendemain, mais il n'en est pas de même si la tache a été relevée les derniers jours de la période et on peut alors l'imputer à une cause extérieure. Ce qui est dit au début de la glose ne s'applique que si la tache est plus grosse qu'un grain de blé ; mais si elle est plus petite et peut être imputable à un insecte, la femme ne doit pas recommencer à compter les sept jours ; il en est de même si la tache trouvée provient d'une blessure ; dans ce dernier cas toutefois, il faut que la femme soit parfaitement sûre que la tache a pour cause cette blessure, pour avoir le droit de ne pas recommencer à compter ses sept jours.

ART. 11. — Si, pendant qu'elle compte ses sept jours, une femme perd un germe, soit par exemple après le cinquième jour, elle ne peut finir de compter ses sept jours, mais doit attendre trois jours, comme lorsqu'il s'agit de la menstruation, puis compter sept jours après ces trois jours écoulés.

Si, le lendemain d'un moment de vie intime, la femme a une perte, elle doit également compter trois jours, puis à nouveau sept jours, avant la purification. Par exemple, la moment de vie intime a eu lieu le samedi soir et la femme a eu une perte le lendemain, elle ne doit pas commencer à compter ses sept jours avant le jeudi suivant ; mais si, après un moment de vie intime le samedi soir, elle a eu une perte le mercredi suivant, elle peut commencer à compter ses sept jours à partir du lendemain, c'est-à-dire à partir du jeudi.

GLOSE : Bien que d'après l'art. 11, en cas de perte le samedi soir ou dimanche matin, la femme ait le droit de commencer à compter ses sept jours le jeudi suivant, le jeudi faisant partie des sept jours, il faut, d'après certains docteurs, compter le jeudi dans les trois jours qui précèdent la semaine de purification, et ne commencer à compter les sept jours que du vendredi. La femme ignore en effet si le moment de vie intime a eu lieu avant ou après le coucher du soleil ; or s'il a eu lieu après le coucher du soleil, il lui faut compter vingt-quatre heures de plus, et dans le doute, il vaut mieux adopter la règle la plus sévère. Il est des femmes qui, se montrant encore plus strictes, attendent sept jours avant de compter les sept jours qui précèdent la purification ; elles peuvent

agir ainsi, mais il vaut mieux, quand cela n'est pas
nécessaire, ne pas contraindre la nature. Quand
une femme a trouvé une tache sur elle, elle doit
compter cinq jours avant les sept jours précédant
la purification ; le jour où elle a vu la tache compte
dans les cinq jours.

ART. 12. — Si une femme s'est trompée en comptant ses sept jours, a fait son immersion au bout du
sixième jour, et a repris la vie intime, il lui faut
attendre à nouveau ses soixante-douze heures et
recommencer son immersion ensuite. Si elle a bien
fait son immersion au bout du septième jour, mais
non de la façon prescrite, et a repris la vie conjugale, elle n'a pas à attendre un certain laps de
temps, comme dans le cas précédent, mais elle
doit recommencer l'immersion.

ART. 13. — Si, après la vie intime, la femme a eu
une perte et si elle ne veut pas compter cinq jours,
mais commencer dès le lendemain à compter les
sept jours qui précèdent la purification, elle peut
le faire, à la condition d'essuyer parfaitement les
parties d'où proviennent les pertes ou de les laver
avec de l'eau chaude.

GLOSE : D'aucuns disent : étant donné que de
nos jours nous ne sommes plus parfaitement aptes
à faire les inspections, il faut, lorsqu'une femme

remarque une perte, qu'elle compte toujours cinq jours avant de compter les sept jours précédant la purification. Les personnes qui ne suivent pas cette prescription encourent la malédiction céleste.

§ CXCVII

Une femme ne doit pas faire son immersion pendant le jour, c'est-à-dire avant que le soleil ne soit couché.

(Ce paragraphe contient 5 articles.)

A rticle 1er. — Toute femme qui a eu ses époques ou qui a accouché est considérée comme impure, tant qu'elle n'a pas fait son immersion. Les femmes qui n'observent pas les lois relatives aux immersions en seront punies par une mort prématurée.

Art. 2. — Lorsque le mari est dans la ville, il ne faut pas que la femme recule le moment de l'immersion, car elle ne doit pas mettre d'obstacle à sa fécondité.

Glose : L'immersion doit être faite après le coucher du soleil ; alors, prenant à la lettre l'article 2, les docteurs permettent à la femme, dont le mari est présent, de faire son immersion le vendredi après le coucher du soleil, si l'immersion tombe ce jour-là, bien que le vendredi soir soit aussi saint que le samedi. Si la femme pouvait accomplir l'immersion le jeudi, mais ne l'a pas fait parce que son mari était absent, elle ne doit pas non plus le faire le vendredi après le coucher du soleil, parce qu'elle n'a pas profité du jeudi. Tel est l'usage en plusieurs endroits ; dans ceux où l'on n'a pas l'habitude de se montrer aussi sévère, on peut faire l'immersion le vendredi soir. En certains pays on se montre très sévère pour le sabbat, après le coucher du soleil. Une femme, qui pouvait se purifier plus tôt et ne l'a pas fait, ne doit pas non plus se purifier le sabbat, après le coucher du soleil. Avant l'immersion, la femme doit prendre un bain et laver sa chevelure, et cette opération doit précéder de peu la purification. Une veuve, qui s'est remariée le vendredi, ne doit pas se purifier le vendredi après le coucher du soleil, parce qu'elle ne doit pas s'approcher pour la première fois de son mari un vendredi soir ; elle n'a pas le droit non plus de se purifier le sabbat, après le coucher du soleil. D'autres, moins sévères, ne permettent pas à la veuve remariée de se purifier le vendredi, mais lui en donnent le droit le sabbat, après le coucher du soleil.

ART. 3. — Il est interdit de se purifier dans la journée ; même si la femme a attendu au huitième ou au neuvième jour, elle ne doit pas faire son immersion avant le coucher du soleil, afin de donner le bon exemple à sa fille.

GLOSE : En effet si la jeune fille sait que sa mère
se purifie avant l'heure réglementaire, elle fera
plus tard de même ; elle n'attendra pas le huitième jour, mais se baignera le septième jour, et
ainsi elle n'aura pas compté les sept jours com-
plets qui doivent précéder la purification. Les
fiancées seules peuvent se purifier dans la journée,
mais dès qu'elles ont reçu la bénédiction nuptiale;
elles suivent quant aux immersions les mêmes lois
que les autres femmes.

ART. 4. — En cas de force majeure, par exemple :
la femme craint que l'eau, plus froide après le coucher du soleil, ne soit dangereuse pour sa santé, ou
bien elle habite un lieu peu sûr, où il n'est pas pru-
dent de circuler le soir à cause des voleurs, ou encore elle habite en dehors de la ville, où elle doit
prendre ses bains d'immersion, et la nuit venue
on ferme les portes — dans tous ces cas, elle a le
droit de se purifier dans la journée du huitième
jour, mais jamais dans la journée du septième.

ART. 5. — Si, passant outre, la femme a fait
sans motif valable son immersion, le huitième jour,
avant le coucher du soleil, cette immersion compte
cependant; elle compte également, si elle est faite

le septième jour avant le coucher du soleil (1).

Glose : Cependant, dans le deuxième cas, la femme ne doit pas reprendre la vie intime avant le huitième jour, le soleil couché.

———

(1) Beaucoup de commentateurs déclarent alors la purification nulle, et estiment que la femme doit recommencer après le coucher du soleil.